그는 상대의 칼날을 피해

자유로운 영혼이 되어 훨훨 날아다닌다

분주하게 들락거린다

오륙도등대, 아미산 전망대, 감천문화마을,

수국마을, 삼진어묵체험역사관, 이바구길,

문화골목, 유엔기념공원, 부산국제금융센터,

키스와이어센터, 영화의전당, 부산시립미술관,

벡스코, 더베이101, 더월, 오션어스 사옥,

국립김해박물관, 노무현대통령묘역 등을

상대의 모습을 크로키한 것들을

이리저리 넘나들면서 온갖 것을

날카롭게 파고들어도

숭숭 뚫린 구멍으로 찬바람만 가득하다

무수한 선으로 명암을 만들어

형태를 만드나 보이는 것은 윤곽선,

배후에는 명암이 또렷이 똬리를 튼다

그는 어둠의 크나큰 예리함에 멈칫 한다

다시, 비상하는 크로키

이동언 부산대학교 건축학과 교수

일러두기

1 건축물 이름은 공식적으로 사용하는 것을 기준으로 표기했습니다.

2 용어 설명에 건축 관련 용어 뜻풀이를 수록해 내용의 이해를 돕고자 했습니다.

3 구글 지도로 연결되는 QR코드를 삽입해 길 찾기를 돕고자 했습니다.

4 외래어는 국립국어원의 외래어표기법에 따라 표기했으며,
관례로 굳어진 것은 예외로 두었습니다.

부산 속 건축
ARCHITECTURAL GUIDE, BUSAN

2016년 9월 5일 초판 발행 **O**2017년 1월 20일 2쇄 발행 **O지은이** 이승헌 **O펴낸이** 김옥철 **O주간** 문지숙
편집 강지은 **O디자인** 안마노 **O마케팅** 김헌준 이지은 강소현 **O인쇄** 스크린그래픽 **O제책** 영림인쇄
펴낸곳 (주)안그라픽스 우10881 경기도 파주시 회동길 125-15 **O전화** 031.955.7766 (편집)
031.955.7755 (마케팅) **O팩스** 031.955.7745 (편집) 031.955.7744 (마케팅) **O이메일** agdesign@ag.co.kr
웹사이트 www.agbook.co.kr **O등록번호** 제 2-236 (1975.7.7)

이 책의 국립중앙도서관 출판예정도서목록(CIP)은 서지정보유통지원시스템 홈페이지(seoji.nl.go.kr)와
국가자료공동목록시스템(www.nl.go.kr/kolisnet)에서 이용하실 수 있습니다.
CIP제어번호: CIP2016019502

ISBN 978.89.7059.860.4 (03610)

본 도서는 2016년 부산광역시와 부산문화재단의 사업비 지원을 받았습니다.

부산 속 건축

이승헌 지음

안그라픽스

실재적 건축으로의 안내서

김형균

장소에 대한 앎은 근본적으로 야하다. 장소와 주체들 간의 윤리적인 최소 거리를 건너뛰기에 그렇다. 장소에 대한 이성적 이해를 감성적 열정으로 전화시키기에 더욱 그러하다. 또한 장소에 대한 관계 맺기는 날것의 현장성을 온몸으로 받아들이기에 더더욱 그러하다. 그런 의미에서 장소 이해는 장소애(場所愛)를 넘을 수 없다.

건축물의 예술적 가치를 글로 표현하는 순간 그것은 곧 비현실적이 된다. 대상이 가지는 즉자적인 아우라를 표현하는 순간 비현실이 되는 예술의 숙명처럼 말이다. 그러나 건축물이 가지는 본성적 아름다움을 탐미적 영역에서 해방시키는 힘이 곧 서사에 있다. 궁극의 서사를 통해 세속을 벗어난 비현실의 실재성을 경험할 수 있는 것이다.

그동안 우리들이 자행한 공간에 대한 폭력과 무지는 공간에서 장소성을 거세했다. 거세된 장소성을 회복하는 유일한 방법은 야한 방법뿐이다. 대상과의 밀착성, 감성적 열정, 현장적 관계 맺기는 장소성을 회복시킨다. 이를 통해 건축물에 새로운 영혼을 부여한다. 건축물의 조성 과정에 생성되었던 무기물을 살아 있는 유기체로, 나아가 사회

적으로 의미 있는 영적 대상으로 바꿀 수 있는 것은 건축학자의 능력이자 특권이다.

놀랍게도 이 시대에 야한 건축학자가 많지 않은 것 같다. 대상물에 대한 객관적 해석이라는 미명 아래 짐짓 건축물과의 거리 두기가 보편화된 것은 아닌지, 열정이 사라진 이성적 해석에 몰두하기가 아카데미즘의 이름으로 장려되는 것은 아닌지, 현장적 관계 맺기는 스튜디오에서의 모형 쌓기로 위축되는 것은 아닌지? 건축 문외한에 비친 이 모습이 본질이 아니기를 바랄 뿐이다.

건축물을 예술 언어로 표현하는 것은 쉬운 일은 아니지만 평범한 일이다. 그러나 그 예술적 비현실성을 서사로 압축해 실재성을 갖게 하는 것은 비범한 일이다. 그런 서사적 재능을 가진 건축학자의 글을 동시대에 같이하는 것은 기쁨이자 축복이다.

수만 명 정도가 옹기종기 모여 살던 작은 포구 도시 부산은 개항을 통해 근대 도시로 편입되었다. 이후 식민 도시의 영화와 좌절, 해방, 한국 전쟁, 피란 수도의 혼란과 밀집, 산업화와 탈산업화의 번영과 쇠락을 어느 도시가 이보다 더 드라마틱하게 겪을 수 있었을까 싶다. 이러한 역사적 경험은 장소

와 건축에 그대로 상감(象嵌)되었다.

많은 사람이 장소의 역사적 맥락, 건축의 사회적 기능, 디자인의 기능적 역할 등을 이야기한다. 하지만 구체적인 건축물에 구체적인 해석과 이야기로 시대적 의미를 살려낸 글을 접하기는 쉽지 않았다.

건축물에 담긴 시대정신, 그것을 배태한 지역 사회의 에스프리(esprit)를 읽는 것은 진중하다. 그 건축물이 위치하고 있는 장소 맥락의 아우라, 건축가와 건축주의 꿈을 접하는 것은 내밀하다. 당초에 그 건축물이 의도했건 안 했건 사용자 유틸리티(utility)의 우연성과 가변성을 엿보는 것은 흥미롭다.

우리의 자아가 단순히 육신에 부속적인 것이라고 생각하면 문제가 없다. 그러나 주변의 역사적, 환경적, 공간적 범위로 자아가 확장된 것으로 받아들인다면 이야기는 다르다. 건축 공간에 스며 있는 역사적, 환경적, 공간적 자아의 생채기를 어루만지고, 영광을 일깨워주는 것은 중요한 자아 확인 과정이자 정체성의 회복 작업이다. 나아가 그 건축물이 가지고 있는 정신적, 지역적 가치를 부여하는 것은 건축물에 영혼을 불어넣고 공동체의 자존감을 획득하는 신성한 작업이다. 그런 의미에서 지혜로운 건축학자는 단순히 공간 해석자가 아니라 사회 치유자로서의 적극적 의미가 있다.

이 힘든 시기에 얼마나 많은 사람들이 물신(物神) 가치에 소외되고 상처받고 있는가? 그 반작용으로 또 얼마나 허망한 도그마와 신념에 허우적거리고 있는가? 그럴 때에 실재적 허구로서의 예술적 건축물을 통해, 허구적 실재로서의 기능적 건축물을 통

해 우리는 다양한 치유와 소외를 동시에 겪고 있다. 산동네 골목길의 오밀조밀한 장소감에서 느끼는 유년기적 기시감(既視感), 마천루가 주는 위압적 소격(疏隔)의 비동시성의 동시적 페이소스가 그러하다. 그러나 다행인 것은 치유적 위안의 길을 안내해주는 인도서를 오늘 갖게 되었다는 것이다. 또한 소외의 본질이 어디에서 비롯하는가에 대한 처방전을 받아들었다는 것이다.

우리가 미처 몰랐던 부산과 경남 일원의 건축 자산을 야하게 소개해준 이 책과 함께 동행하는 지금이 행복하다. 그리고 건축 예술의 비현실성을 실재적 서사로 푸는 노작(勞作)을 만들어낸 이승헌 교수님에게 정말 고맙다. 그동안 부산, 경남의 건축 자산에 관해 허전했던 한 부분을 채워주는 것 같아서 든든하다. 많은 사람이 이 책을 통해 소외의 본질을 공간적으로 치유받는 기쁨을 함께했으면 좋겠다.

김형균
부산발전연구원 선임연구위원
국가도시재생특별위원

지역 건축의 멋과 맛

김기수

건축가 김수근은 한국인이 갖고 있는 독창적인 미의식을 '멋'이란 단어로 설명한 바 있다. '멋'은 한자나 영어로 표기될 수 없는 우리 고유의 미의식을 담고 있다.

'맛있는 건축'이란 표현도 있다. 어색하고 생소하게 들릴 수는 있으나, 우리가 먹는 음식만큼이나 건축도 다양한 '맛'을 가지고 있다. 건축과 음식은 '눈맛'이다. 음식의 눈맛은 침샘을 자극하고, 건축의 눈맛은 지적 사고를 일으킨다. 또 건축과 음식은 '몸맛'이다. 음식은 씹으면서 혀끝으로, 후각으로, 그리고 미각의 합으로 맛을 완성하지만, 건축은 공간 속을 걸으며 바라보고, 생각하고, 촉감을 통해 건축의 맛을 느낀다. 마지막으로, 건축과 음식은 '손맛'이다. 음식의 맛이 손끝에서 온다면, 건축의 맛 역시 건축가의 손끝에서 다듬어진다.

일찍부터 우리 건축은 단순 명쾌한 혹은 논리적인 맛을 추구하기보다 복합적인 조화에서 우러나는 맛을 즐겼다. 따라서 우리 건축에서 느끼는 '멋'과 '맛'은 이성적 분류에 따른 단일성보다는 포괄적 다양함에서, 필요에 따른 기능과 합리성보다는 여유에 따른 정신적 합리성에서 그 원류를 찾아야 한다.

『부산 속 건축』은 도시 부산을 비롯한 인근 지역 건축이 갖는 '멋'과 '맛'을 느끼도록 도와줄 충실한 안내서다. 부산 지역 16개 구군과 인접한 양산, 울산, 김해, 창원 등 4개 도시의 주요 건축을 알기 쉽게 안내하며, 의미 있는 장소와 건축이 갖는 사회적 관계와 역사적 의미를 풀어 설명하고 있다. 간간히 등장하는 지은이의 에세이는 자칫 건축 안내서가 갖는 딱딱한 분위기를 편하고 쉽게 다가갈 수 있도록 도와준다.

이 책에서 소개하는 대부분의 건축물이 현대에 건립된 것이지만, 때로는 조선 시대부터 근대 건축에 이르기까지 다양한 스펙트럼으로 우리를 안내한다. 한정된 분량에도 다양한 시대를 아우르고 있을 뿐 아니라 사회적 특색을 담고 있는 건축까지 소개하고 있어 다종다양한 무늬와 성격으로 이루어진 지역 건축을 탐닉하기에 안성맞춤이다.

깔끔한 구성과 내용으로 정리되어 있는 이 책은 마치 넓게 조성된 신작로를 따라 지역 건축을 여행할 수 있도록 도와준다. 훑어보듯 지나가 각각의 건축물에 담겨 있는 삶의 흔적과 의미를 놓칠 수도 있지만 우려는 필요 없는 듯하다. 오랫동안 지역에 머물며

애착을 가지고 지역 건축을 탐구했던 지은이의 노력은 건축이 가진 각기 다른 '멋'과 '맛'을 충분히 짚어내고 있기 때문이다.

'나무는 보지만 숲은 보지 못한다.'는 근대적 사고의 틀에 갇혀 지역 건축이 갖는 특성마저 무시한 많은 건축 안내서들이 있었지만 지역 건축의 참모습을 이해하기 위해서는 거대한 숲이 아니라 미시적 관점에서 접근할 필요가 있다. 지역 건축에 대한 애착이 곳곳에 묻어나는 『부산 속 건축』에는 본원적 가치, 그리고 주위 환경, 공간, 주제에 대한 해석들이 담겨 있어 이 같은 갈증을 해소해줄 것이다.

이 책이 보여주는 지역에 대한 구체적인 앎은 곧 지역의 책임으로 이어지고 더 많은 지역에 대한 탐구를 필요로 하게 될 것이다. 왜냐하면 건축이 제공하는 가장 구체적인 장소와 공간을 체험하는 것은 우리의 신체이며 그 몸이 느끼는 감각이기 때문이다. 추상적 경계를 통해 정해져버린 일률적인 시선이 아니라 다종다양한 지역 건축만이 갖고 있는 '멋'과 '맛'을 탐구할 안내자를 『부산 속 건축』을 통해 만날 수 있을 것이다.

김기수
동아대학교 건축학과 교수

다종다양한 무늬로 직조된 도시 부산

이승헌

우리나라 동남부 모서리에 있는 부산은 동해에 절반, 남해에 절반 몸을 걸치고 있어 도시 어디서든 바다 기운이 물씬 풍긴다. 그러면서도 태백산맥의 준령이 바다로 곤두박질치기 직전에 마지막 위세를 떨치는 곳이다. 금정산, 장산, 황령산, 수정산, 구덕산 등 400-800미터의 구릉성 산지가 도심지 안에 산개해 있다. 거기에 1,300리를 달려온 낙동강 하류가 큰 폭으로 흐르고, 각 산에서 내려온 개천이 모여 수영강, 온천천, 동천 같은 물길을 형성한다.

또한 부산은 땅만 팠다 하면 고대 유물이 발굴될 만큼 시간의 결이 두텁게 단층을 이루고 있는 곳이다. 일본과의 역사 속 교류와 쟁투의 흔적이 곳곳에 남아 있으며, 6·25 동란 통에 유입된 전국의 피란민과 그의 후세들이 함께 어우러져 살고 있는 것도 부산의 한 단면이다. 수영비행장도, 하야리아(Hialeah) 부대도 이제 철수해 나가고 없는 그 자리에 현대식 건물과 공원이 들어서 있다. 바다를 매립해 만든 땅 위에는 초고층 빌딩들이 새로운 스카이라인을 그리고, 바다와 바다를 건너는 멋진 대교들은 도시의 풍경을 바꿔놓았다.

이처럼 부산이라는 도시는 다양한 무늬로 직조되어 있다. 바다와 강과 산이 도시와 뒤엉켜 있고, 누적된 흔적과 첨단의 시간성이 도시를 수놓고 있다. 거기에 드나듦이 잦은 항구와 철도를 끼고 사는 부산 사람들의 묘한 정서가 맞물려 독특한 도시의 결을 형성한다. 그야말로 다이내믹해 시쳇말로 표현하면 '짬뽕'이고, 좀 그럴싸한 말로 포장하면 '혼종성(hybridity)'의 랜드스케이프(landscape)라 할 수 있다.

도시 부산의 속성을 단순 아이콘이나 몇몇 대표 색으로, 혹은 한둘의 대형 랜드마크 구조물로 납작하게 정의내릴 수 없는 이유가 바로 이 복잡다단함 때문이다. 바다와 육지의 경계 지점에서 발생하는 교역과 국방의 모순성은 어쩌면 태생적 숙명과도 같다. 유입 문화와 토종 문화가 부딪혀 갈등을 일으키기도 하지만, 어느 사이 스며들어 융합적 창조에 따른 새로운 아이콘을 토해내기도 한다. 그래서 조금은 겉모습이 거칠고, 언제나 완결되지 않은 과정으로 비친다.

일제강점기에 일본이 대륙 침략의 교두보로 조성했던 수영비행장이 지금은 고층 빌딩숲을 이루는 센텀시티로 변모했

17

다. 이곳에 국제영화제를 치르는 '영화의전당', 그리고 세계 최대 규모 백화점으로 기록된 '신세계백화점 센텀시티점'이 세워졌다. 60-80층 마천루 아파트와 오피스 빌딩이 즐비한 마린시티 양옆으로는 해양 레저를 즐길 수 있는 요트계류장이 있다. 그런가 하면 피난 시절 임시 거처로 서둘러 지은 판잣집, 일명 '하코방'들의 흔적은 도시 곳곳에 아직 그대로 남아 있다. 지을 땅이 없어 산의 허리춤까지 타고 오른 집들은 일종의 콜라주처럼 각기 조금씩 다른 다양한 얼굴을 내밀고 있다. 그 양태가 오히려 오늘날에는 사람 냄새를 맡을 수 있는 친근함으로 여겨져 '산복도로 르네상스'니 '감천문화마을'이니 하는 이름으로 과거의 향수를 자극한다. 기장-송정-청사포-해운대-광안리-용호동-북항-영도-송도-다대포로 이어지는 해안선에는 바다와의 조응을 고려한 세련된 건물들이 날로 많아지고 있다. 북항 재개발, 동부산 관광 단지 조성, 동해남부선 폐선 철로 활용 등의 프로젝트로 친수 공간은 좀 더 폭넓게 조성될 것으로 기대된다.

그런가 하면 일본인이 세운 최초의 공공 건축물과 방위 구역, 미군정이 주둔하기 위해 만든 군부대와 행정처, 퇴각한 임시정부가 사용했던 시설물, 전쟁을 기념하기 위해 만든 공원과 전시관 등 깊은 애환을 남긴 과거의 흔적도 부산이 가진 또 하나의 자산이 아닐 수 없다. 흑백 사진만 남기고 사라진 근대 건축물이 한둘이 아니지만, 그나마 지금 남아 있는 몇몇은 보존과 재생의 논의를 거쳐 도시의 시간적 층위를 더욱 풍성하게 만들어준다.

건축은 이같이 교차하는 숱한 환경적, 역사적, 문화적 결 위에 한 땀 한 땀 또 하나의 결을 덧입히는 작업이다. 땅의 결을 존중하고, 시간의 결을 보살피는 그런 멋진 건축물이 우리 주변에 많아질수록 도시도 깊고 풍성해질 것이다. 표피적이고 단발적이고 상업적인 결만이 남발하는 차디찬 세상 속에서, 내면에 잠재되어 있던 오래된 결을 다독이고 밖으로 표출시켜놓은 건축물은 분명 따뜻한 세상을 만들어줄 것이다. 그렇기에 그런 일말의 가능성이라도 펼쳐 보여준 우리 주변의 건축물에 대해서는 그 가치를 알아봐주고 격한 환영의 표현을 해주어야 한다.

이 책 『부산 속 건축』에 선별해 소개한 건축물들은 최소한 한 대목 이상의 결이 느껴지는 사례다. 신중한 마음으로 결을 짚어내고 구축적 장치로 절묘하게 엮어낸 몇몇 건축물은 감동을 전달하기도 한다. 땅의 잠재적 본성을 들추고, 중첩된 시간의 의미를 되살리고, 내재되어 있던 깊은 정서의 결이 스며나게 함으로써 대면하는 이들의 마음을 따뜻하게, 기운이 상승하게 한다. 이런 공간이 부산에 더욱 많아져 세련된 직조 도시(weaving city)가 되길 희망하며, 또한 이런 공간을 더 많은 사람이 경험하길 바라는 마음으로 이 책을 내놓는다.

2016년, 유엔기념공원이
내려다보이는 연구실에서
이승헌

강대상(講臺床) 종교 건축물에서 말씀을 선포하는 단을 말하며, 강단 또는 설교단이라고도 부른다. 로마 가톨릭에서는 미사를 드리는 단을 제단 또는 제대라고 한다.

공포(栱包) 지붕의 무게를 합리적으로 기둥에 전달하기 위한 전통 건축물의 구조 부재. 돌출되어 있는 처마의 하단부를 받치면서, 그 하중을 기둥머리로 자연스럽게 연결하는 장치다. 공포는 여러 목재 부재를 짜 맞추어 만든 하나의 구조체인데, 그 요소로는 주두(柱頭), 소로(小櫨), 살미(山彌), 첨차(檐遮) 등이 있다. 공포는 역학적 기능 외에도 요소들의 짜맞춤 형식에 따라 각기 모양이 달라지는 특징 때문에 건물의 중요한 장식적 표현 수단이 되기도 했다. 형식으로는 주심포식(柱心包式), 다포식(多包式), 익공식(翼工式) 공포로 나뉜다.

교차 볼트(cross vault) 반원통 모양의 곡면 2개를 교차한 듯한 천장 또는 지붕. 안쪽으로 돌출한 능선에 아치형 리브를 붙여 보강한다.

기단(基壇) 집터를 잡고 반듯하게 다듬은 뒤 터보다 한층 높게 쌓은 단. 기단을 만드는 첫째 목적은 개개의 초석으로부터 전달되는 건물의 하중을 받아 지반에 골고루 전달하기 위한 것이고, 둘째 목적은 빗물과 지하수 등으로부터 건물을 보호하기 위한 것이며, 셋째 목적은 건물에 장중함과 위엄을 주기 위한 것이다.

노출콘크리트(exposed mass concrete) 별도 마감재를 시공하지 않고 콘크리트의 물성을 그대로 드러내는 마감 방식.

다다미(たたみ)방 다다미가 깔린 일본식 주택의 방. 다다미는 짚으로 만든 판 위에 왕골이나 부들로 만든 돗자리를 붙인 방바닥 재료다.

다발기둥(clustered pier) 중세 유럽에서 주기둥 주위에 여러 개의 붙임기둥을 붙인 형태로, 붙임기둥은 주로 천장의 리브와 연결되어 연속성을 가진다.

다포(多包) 기둥 상부 외에 기둥 사이에도 공포를 배열한 건축 양식. 주심포 형식보다 지붕 하중을 등분포로 전달할 수 있는 합리적인 구조법으로, 작은 부재를 반복해 사용하는 표준화와 규격화를 추구하는 건축 양식이다. 주로 팔작지붕이 많다.

더블 스킨(double skin) 건물의 외피를 이중 소재로 마감한 것 또는 그 방식.

더블 콘(double cone) 아이스크림콘과 같은 원뿔 2개를 위아래에 붙여놓았다고 하여 지은 이름. 천장 무게를 지탱하기 위해 꽈배기처럼 엇물린 형태의 트러스 구조로 만들기도 한다.

도코노마(床の間) 일본 건축에서 실내에 인형, 꽃꽂이로 장식하거나 붓글씨를 걸어놓는 용도로 벽의 일부를 방바닥보다 높은 위치에서 안쪽으로 움푹 파이게 만든 공간.

드라이비트(dryvit) 내부에 단열재를 포함하고 있는 건축 외장 마감 공법의 일종. 단열과 마감이 한 번에 이루어지는 장점 때문에 공사 기간을 단축하고 비용을 절감하는 효과가 있다.

램프(ramp) 경사를 가진 통로 또는 복도. 슬로프웨이(slope way)라고도 한다.

루버(louver) 개구부 전면에 폭이 좁은 긴 판을 일정한 간격으로 배열한 것. 밖에서는 실내가 들여다보이지 않고, 실내에서는 밖을 내다보는 데 불편하지 않은 것이 특징이다. 채광, 일조 조정, 통풍, 환기 등을 위해 사용된다.

리브(rib) 얇고 편편한 재료를 보강하기 위해 재료 단면과 직각으로 설치하는 보강재.

리사이클링 목재(recycling wood) 오래된 목재나 폐목을 재생한 인테리어 마감재. 최근 빈티지 스타일을 표현하기 위해 많이 활용된다.

매스(mass) 덩어리 또는 양괴(量塊)를 의미한다. 건축에서는 외피를 이루는 덩어리 전체를 말한다.

맨사드(mansard) 모임지붕의 상부와 하부면에서 경사를 완급 2단으로 만드는 형식.

몰딩(moulding) 벽이나 벽과 천장이 만나는 모서리부에 부착하는 돌출 장식 부재.

무주공간(無柱空間) 천장의 하중을 지지할 중간 기둥이나 벽 없이 넓게 만든 개방적 공간.

미세기 방문 두 짝을 한편으로 밀어 겹쳐서 여닫는 문. 미서기라고도 한다.

바리솔(barrisol) 조명 벽이나 천장에 고정시킨 레일에 맞춤재단 형태의 특수 PVC 시트를 당겨서 거는 조명 시스템. 은은한 빛이 투과되어 부드럽고 고급스러운 분위기를 자아낸다.

바실리카(basilica) 직사각형의 긴 평면 형태를 가진 건축 양식으로, 끝 지점에 제단을 둔 초기 그리스도교의 교회 형식.

박공지붕(gabled roof) 'ㅅ'자형으로 지붕 정수리 부분에서 사면으로 흘러내린 지붕. 서로 맞댄 형태라 하여 맞배지붕이라고도 하며, 측면 직각 부위가 경사지붕과 만나 마치 한자 '팔(八)'자의 형태를 취한다 하여 팔작지붕이라고도 한다.

배흘림기둥 기둥 가운데 부분이 불룩하고 위아래로 갈수록 직경이 점차 줄어드는 흘림기둥의 하나. 서양 건축에서는 엔타시스(entasis)라 부르며, 대표 건축물로 파르테논(Parthenon)과 부석사 무량수전을 들 수 있다.

버트레스(buttress) 벽에서 돌출된 보강용 벽. 중세 건축에서 아치로 된 돌지붕의 육중한 무게 때문에 옆으로 퍼지려는 힘을 지탱하기 위해 부가적으로 설치했다.

벽감(niche) 장식을 목적으로 벽면을 부분적으로 오목하게 파서 만든 감상의 장치. 조각품, 꽃병 등을 놓아 장식하며 종교 건축에서는 신앙의 대상을 안치하기도 한다.

보이드(void) 벽면 또는 바닥면의 일부가 뚫려 있어 두 공간이 동선상으로나 시각적으로 관통되도록 처리한 부분을 일컬으며, 건축이나 인테리어에서 즐겨 사용하는 용어.

볼트(vault) 아치(arch)가 수평으로 연속된 반원통 모양의 곡면 구조체.

뿜칠(spray coat) 고압 공기로 안료 등을 안개처럼 뿜어 바르는 작업. 분사칠이라고도 함.

상인방(上引枋) 창, 출입구 등 개구부 위를 건너지른 상부로부터 오는 하중을 지지하는 부재.

선큰 가든(sunken garden) 지하나 지하로 통하는 공간에 꾸민 정원. 지하 공간의 시각적 개방감, 채광 및 환기 등 환경적 측면에서 장점이 있다.

솔리드(solid) 보이드와 반대 개념으로, 뚫려 있지 않고 충실하게 채워져 있는 상태를 일컫는 용어.

쇼인즈쿠리(書院造) 접객 기능을 하는 서원(書院) 공간이 집의 중심부를 차지하는 일본 주택의 한 형식.

스킵 플로어(skip floor) 건물 각 층의 바닥 높이를 일반적인 건물처럼 한 층씩 높이지 않고, 반 층 높이의 위치에 새로운 층이 형성되도록 구성하는 형식. 한 층에 2개 층이 연계되어 있어 시각적, 기능적으로 입체적인 성격이 강하게 느껴진다.

스텝 가든(step garden) 높이 차이가 있는 옥외 정원을 마치 옆으로 긴 계단처럼 점차 앞으로 내밀어낸 형태의 정원.

스팬드럴 유리(spandrel glass) 건축물 외벽의 층간(spandrel)을 효과적으로 마감하기 위해 특수 도료로 코팅해 만든 유리.

슬래브(slab) 경사지지 않고 평평하게 처리된 바닥판. 주로 철근콘크리트로 만든다.

시멘트 사이딩(cement siding) 건물 외벽을 피복하는 데 사용하는 시멘트 소재의 판재.

신고전주의(Neo-Classicism) 18세기 후반부터 19세기 중반에 걸쳐 서구 유럽을 풍미했던 양식. 바로크 건축이나 로코코 건축의 과도한 장식에 반발해 고전과 고대의 재인식을 기반으로 장엄함과 엄격함, 숭고한 아름다움을 추구했다.

신랑(nave) 초기 기독교의 바실리카식 교회 내부 중앙 부분. 정면과 현관 복도에서 내진에 이르는 중앙의 긴 부분으로, 사람들이 모이는 장소로 사용된다. 열주와 함께 양쪽으로 측랑이 붙어 있는 구조는 3랑식 구조라 부른다.

아트리움(atrium) 고대 로마 건축에서 열린 공간 주위에 집이 세워지면서 마련된 중정. 최근에는 호텔, 오피스 빌딩, 기타 대형 건물에서 실내 공간을 유리지붕으로 씌우는 것을 일컫는 용어로 쓰이고 있다.

앱스(apse) 기독교 교회에서 제단 후면부에 반원형 또는 다각형으로 돌출된 내부 공간.

어닝(awning) 창이나 출입구 상단에 설치하는 경량의 차양 장치. 고정식과 접이식이 있으며, 덮개로는 천막을 사용한다.

열주(colonnade) 일정한 간격으로 줄지어 늘어선 다수의 기둥.

오르내리창 개폐 방식이 위아래로 이동하도록 제작된 창호.

잔다듬 처리 석재 표면을 날망치로 찍으면서 평탄하게 다듬어 마감 처리하는 방식.

장미창(rose window) 고딕 건축물에서 전후면 벽의 출입문 상단부에 설치하는 큰 원형 창. 꽃잎형의 장식 격자(tracery)에 스테인드글라스를 끼워 종교 공간의 성스러움을 강조한다.

젠 스타일(Zen Style) 선(禪)의 일본식 발음으로, 절제미와 단순미를 추구하며 동양적 여백의 미를 중요하게 여기는 스타일.

조적벽(組積壁) 석재, 벽돌, 블록 등의 재료를 쌓아서 만든 벽.

징크 패널(zinc panel) 아연 소재로 만들어진 얇은 판상재의 형태로 지붕과 외벽 등에 사용되는 건축 외장재.

첨탑(pinnacle) 고딕 성당 건축의 측벽 상단부에 뾰족하게 솟아오른 작은 탑.

추녀 목조 건축물에서 지붕 형태가 팔작, 우진각 또는 모임지붕일 경우 처마와 처마가 일정한 각도로 만나는 부분에 경계를 이루듯 걸치는 건축 부재.

측랑(aisle) 교회에서 회중석을 따라 양쪽으로 있는 좁고 긴 공간. 일반적으로 회중석과 측랑 사이는 열주로 구획한다.

치장쌓기 약간 곱게 구운 벽돌을 콘크리트 벽면 등에 치장용으로 붙이는 쌓기 방식.

캐노피(canopy) 햇빛이나 비를 막기 위해 지붕처럼 돌출된 덮개. 침대 위에 지붕처럼 늘어뜨린 덮개 혹은 건물 출입현관 상단에 돌출된 덮개 등도 캐노피라 부른다.

캔틸레버(cantilever) 한쪽 끝이 고정되고 다른 끝은 받쳐지지 않은 상태로 되어 있는 외팔보. 공중에 떠 있는 듯한 동적인 공간 효과와 햇빛을 막거나 경쾌하게 보이기 위해 근현대 건축에 적용하는 새로운 구조 방식이다.

커튼월(curtain wall) 하중을 거의 받지 않는 커튼을 치듯 한 장막벽(帳幕壁). 대체로 철골 또는 철근콘크리트 구조의 건물 외피 전체를 유리면으로 마감하는 방식을 일컫는다.

코니스(cornice) 서양식 건축 벽면에 수평으로 돌출된 돌림띠. 처마 끝을 형성하며 빗물이 벽면에 뿌려지지 않게 한다.

키스톤(keystone) 석조로 된 아치나 볼트의 꼭대기에 넣는 돌. 이 돌을 제거하면 아치가 파괴되므로 중요한 돌이다.

테라코타(terracotta) 벽돌, 기와, 토관, 기물, 소상 등을 점토로 성형해 초벌구이한 것.

토스카나식 오더(Tuscan order) 고대 로마 시대에 유행했던 5대 기둥 양식 가운데 하나. 르네상스 시대에 고전적인 멋을 뽐내기 위해 저택의 입구에 자주 사용되었다.

트러스(truss) 선형으로 생긴 부재를 삼각형의 단위로 계속 이어서 만든 구조 형식. 인장과 압축이 반복되는 힘 전달의 속성으로 인해 교량, 타워, 중간 기둥이 없는 넓은 공간 등에서 응용된다.

파고라(pergola) 휴게 시설의 일종으로, 사방이 트여 있고 골조가 있는 지붕 또는 햇빛이나 비를 가리며 앉을 자리가 있는 시설물.

파벽돌 벽돌의 한 종류로, 형태가 네모반듯하지 않고 모퉁이나 표면 일부가 깨지거나 거칠게 처리된 마감 재료.

파사드(façade) 건축물의 주된 출입구가 있는 정면부. 건물 전체의 인상을 단적으로 나타내므로 구성과 의장이 매우 중요하다.

패러핏(parapet) 건축물이나 건조물의 윗면을 보호하기 위해 만든 비교적 낮은 장벽. 옥상 패러핏의 경우는 가장자리의 난간을 지칭한다.

페디먼트(pediment) 고대 그리스 신전의 박공. 전형적으로 조각한 뒤 세 꼭지에 장식 벽돌을 붙인다. 대표 건축물로는 파르테논을 들 수 있으며, 이후 고전 건축의 모티브가 되었다.

펜던트(pendant) 사슬, 파이프 등으로 천장에 매다는 형식의 조명 기구.

포치(porch) 건물의 현관 또는 출입구 바깥쪽에 튀어나와 지붕으로 덮인 부분.

포티코(portico) 건물 입구로 이어지는 현관 또는 건물에서 확대된 주랑. 통로 위로 지붕이 덮여 있으며, 지붕의 하중을 기둥으로 지지하거나 벽을 둘러친다.

프로시니엄(proscenium) 객석에서 볼 때 원형이나 반원형으로 보이는 무대. 액자처럼 보여 액자 무대라고도 한다.

필로티(pilotis) 지상에 기둥이나 벽을 세워 건물 전체나 일부를 지표면에서 띄워 지상층을 개방한 구조. 띄운 지상층은 보행이나 주차, 차량 통행에 사용된다. 현대 건축에서는 원래 목적뿐 아니라 멋스럽게 보이기 위해 사용한다.

회랑(corridor) 중정이나 신성한 공간을 둘러싸기 위해 설치한 지붕이 있는 긴 복도. 고대 이집트나 그리스, 로마의 콜로네이드(colonnade)와 중세 수도원의 네모꼴을 이루는 중정을 둘러싼 클로이스터(cloister)도 회랑의 한 형식이다. 르네상스 이후에는 저택, 성관, 궁전, 공공건물 등 장대한 건축을 한층 돋보이게 하기 위해 정원을 둘러싼 회랑의 형식이 활용되었다.

후스마(ふすま) 일본 건축에서 나무틀을 짠 뒤 양면에 두꺼운 헝겊이나 종이를 바른 문. 습기와 통풍을 조절하며 바람과 추위를 막는다.

CRC 보드(cellulose fiber reinforced cement board) 섬유강화 시멘트 소재의 보드로, 노출콘크리트 느낌을 전달하는 시멘트판. 건물 내외부 마감재로 사용된다.

RC 구조(reinforced concrete construction) 건물의 주체 구조를 철근콘크리트로 구축하는 방식.

참고 문헌

기획재정부, 『시사경제용어사전』, 대한민국정부, 2010.

김왕직, 『알기 쉬운 한국건축 용어사전』, 동녘, 2007.

동방디자인 교재개발원, 『인테리어 용어사전』, 동방디자인, 2006.

박연선, 『Color 색채용어사전』, 국립국어원, 예림, 2007.

월간미술, 『세계미술용어사전』, 월간미술, 1999.

장규수, 『한류와 아시아류』, 커뮤니케이션북스, 2013.

한국사전연구사 편집부, 『미술대사전(용어편)』, 한국사전연구사, 1998.

현대건축관련용어편찬위원회, 『AR+ 건축용어사전』, 성안당, 2011.

두산백과

위키백과

한국민족문화대백과

한국학중앙연구원

부산진구

BUSANJIN-GU

부산의 공원은
시간과 정서의 겹이 두텁다

부산의 공원은 그냥 식재만 무성한 그런 일반적인

공원이 아니다. 시간의 겹이 응축되어 있는 만큼

땅의 깊이가 두텁다. 무시하거나 뭉개는 것으로 과거는

지워지지 않는다. 상처를 끌어안아 제 과거를 스스로

용서하고 자정될 수 있도록 해야 한다. 단지 그리움의

대상으로 두는 것이 아니라, 흔적을 남겨 기억하고

추모하고 다독여야 한다. 고스란히 제 발치에

드러누운 붉은 꽃송이처럼 땅의 양분이 되어야 한다.

넓고 깊은 공원에서는 누구든 마음이 고와지고

노근노근 부드러워질 것이다. 사색하게 되고, 서로

배려하게 되고, 몸과 정신이 치유될 것이다. 가족의

얼굴을 마주보게 되며 하늘과 땅에도 찬사를 보낼

것이다. 팍팍한 도시 속에 이런 공원이 있다는 것은

얼마나 고마운 일인가.

부산시민공원
Busan Citizens Park

제임스 코너 | 2014

부산진구 시민공원로 73(전포동)

부산시민공원의 땅은 지난 100년 동안 정체성을 잃은 채 역사의 울타리에 갇혀 있었다. 일제강점기에는 경마장과 병참기지, 군사훈련소 등으로 사용되었으며, 해방과 함께 미군정이 시작되자 미군의 주둔기지로 활용되었다. 해방 이후 전쟁이 끝났음에도 이곳은 여전히 '하야리아'라는 이름으로 불렸다. 2014년 5월 1일, 드디어 100년 만에 시민에게 되돌아온 이 땅을 공원화하면서 세계적인 조경 디자이너 제임스 코너(James Corner)가 전체적인 기획을 맡았다. 약 47만 3,000제곱미터에 달하는 부산 최대 규모의 공원에는 '기억' '문화' '즐거움' '자연' '참여'라는 다섯 가지 주제의 숲길을 근간으로 각종 시설물이 배치되었다. 공원 곳곳에 옛 미군 부대였던 시절의 담벼락과 막사, 망루, 하사관 숙소 등 과거의 더께

를 남겨두었다. 특히 낡은 목재 전신주를 재활용해 꾸민 '기억의 기둥'과 플라타너스 90여 그루를 모아놓은 '기억의 숲'이 인상적이다. 옛 사령관 관사를 리모델링한 '북카페 숲' 역시 내부에서 느껴지는 시간성으로 정겹다. 옛 장교클럽을 리모델링해 조성한 '공원역사관'은 일제강점기 당시의 모습과 캠프 하야리아 초기의 모습이나 생활사를 재현한 체험 전시 공간으로 꾸며져 있다. 한편 '감성발달그루터기' '돔플레이' '에어바운스' '서클타워' 등의 놀이 시설과 '도심백사장' '미로정원' '물놀이마당' '뽀로로도서관' 등의 공간이 아이들에게 인기 있다. 초대형 잔디 광장에서는 가끔 시민을 위한 큰 행사가 치러지며, '다솜관'과 '시민사랑채'에서는 다양한 전시 행사도 열린다.

국립부산국악원

Busan National Gugak Center

류춘수, 원양건축사사무소 | 2008

부산진구 국악로 2(연지동)

전통 국악 공연과 교육, 학술 연구를 위해 건립된 국립부산국악원은 건축가 류춘수와 원양건축사사무소의 합작으로 설계되었다. 건물 배치는 경사진 대지의 특성을 그대로 살렸는데, 위계를 따라 맨 위쪽에 680여 석 규모의 대극장(연악당)을 두고 중간에는 270여 석 규모의 소극장(예지당), 아래에는 교육관리동을 배치했다. 대극장은 원통형이고, 나머지 소극장과 교육관리동은 직사각형으로 길쭉하게 앞으로 빠져나와 있는 형상이다. 지형의 높이 차이를 그대로 활용해 필로티(pilotis) 형식으로 띄운 교육관리동 하부는 지역민이 쉽게 오갈 수 있도록 처리했다. 남북으로 길게 자리 잡은 건물 형상 때문에 자연스럽게 동측의 영역은 넓은 마당을 만드는 데 할애했다. 층층별로 특색 있게 꾸며진 옥외 공간을 건축가는 전통 한옥의 구조에 빗대어 '바깥마당' '사랑마당' '안마당' '뒷마당'으로 지칭하고 있다. 가야금 형상을 응용한 오브제, 야외 공연장 뒤편의 전통 방식 돌담과 굴뚝 등은 전통의 간접적 재현이다. 대극장 원형 로비에 적용된 서까래를 닮은 천장, 전통 패턴을 넣은 마룻바닥, 회벽과 목재 기둥으로 반복되는 복도 벽면 디자인, 문창살을 그대로 반영한 개구부 등 실내 곳곳에서도 전통 재현의 노력을 엿볼 수 있다.

황령산 봉수대

Hwangnyeongsan Beacon Fire Station

건축가 미상

부산진구 전포동 산50-1

황령산 봉수대에 오르면 부산의 모든 것이 다 보인다. 부산 중심부에 우뚝 솟은 산이다 보니 서면과 동래, 해운대, 광안리, 중앙동 지역까지 도시 전체를 관망할 수 있다. 또한 동남 측으로 넓게 펼쳐진 바다가 보이고, 서북 측으로 멀리 지나가는 낙동강 자락도 보인다. 바다와 산과 도시 전역이 360도 파노라마로 펼쳐지는 곳, 그래서 이곳은 과거에 군사적 요충지이기도 했다. 모든 시계(視界)가 탁 트여 적의 침입을 관찰하기 용이한 위치이므로 봉수대를 두고 신속히 그 사실을 전역에 알리려 했다. 임진왜란 때는 가장 먼저 봉화를 올려 이 지역의 중심 봉수역할을 했다고 한다. 낮에는 연기를, 밤에는 불을 올려 빠르면 12시간 만에 서울 조정에 소식을 알리는 당시 최고의 통신수단이었다. 황령산 봉수대는 5개의 봉화구를 가지고 있다. 그 동안 몇 차례에 걸친 보수를 통해 복원한 상태이지만 고증 없이 이루어져 연조, 연소실 등의 본래 모습이 훼손된 점은 아쉬운 대목이다. 최근 능선 도로에서 봉수대까지 이르는 길목에 휴게 시설과 포토존, 전망대 등을 조성해 접근성이 더욱 좋아졌고, 울퉁불퉁 돌출되어 있는 안산암에도 쉽게 오를 수 있다. 여기서 보는 부산의 야경 또한 일품인데, 바다에 떠 있는 광안대교, 도시고속도로의 차량 흐름, 불야성을 이루는 도심의 네온사인, 부산시민공원의 은은한 조명까지 시시각각 감탄을 자아낸다.

O+A빌딩
O+A Building

오신욱 | 2014

부산진구 망양로 973(범천동)

5층 규모의 근린 생활 시설인 O+A빌딩은
산복도로에 오르는 망양로 초입에 위치해
있다. 비정형으로 생긴 대지를 따라 건물의

외형도 이형적 형태를 취하고 있다. 흰 벽과
노출콘크리트의 회색 벽으로 세련되게 마감
한 외형은 오랜 역사성을 띠고 있는 도시 맥
락에서 볼 때 오히려 생경하기까지 하다. 하
지만 건축가는 전면 파사드(façade)에 2개
의 도시 축을 엇갈리게 반복시키고, 도로 쪽
으로 넓은 창을 둠으로써 주변과의 관계 맺
기를 시도했다. 골목을 끼고 돌아가는 나머
지 세 면에는 크고 작은 불규칙한 창을 뚫어
들여다보기와 내다보기의 의도적인 시선 교
차를 유도한다. 또 한 가지 디자인 특징으로
이형적 대지 경계선을 따라 몇 번이고 꺾여
최고층까지 다다르는 계단실을 들 수 있다.
좁아졌다 넓어지고 안 보였다 다시 보이는
변화에 더해, 10여 개의 불규칙한 창을 통한
비일상적 외부 조망이라는 낯선 경험까지
제공한다. 산복도로 마을의 계단을 오르내
리면서 느끼는 친근함이나 생동감과도 일맥
상통한 부분이다. 계단의 클라이맥스는 5층
내부와 연결된 옥상마당이다. 높은 흰 벽면
에 둘러싸인 옥상마당에도 계단과 계단참이
연장되어 있는데, 그것은 하늘을 향한 사색
의 길이 되어주며, 작은 행사에서는 무대나
객석이 되기도 하는 잉여의 공간이다.

아키캘리토닉
Archi-calli-tonic

유창욱 | 2015

부산진구 동성로96번길 53-2(전포동)

아키캘리토닉은 건축가 유창욱이 유년 시절에 살던 집을 허물고, 사무실 겸 살림집으로 재구축한 건물이다. 집 뒤로 황령산 자락과 전포동 산복도로를 끼고 있는 대지는 무려 9미터나 높이 차이가 나며, 주변에는 오래되어 낡은 집들과 통일감 없이 지어진 빌라가 즐비하다. 대신에 경사진 대지가 주는 장점이 바로 조망이다. 전면으로 서면과 문현동 일대가 한눈에 펼쳐진다. 새로 지은 건물은 이처럼 땅이 가진 여러 속성을 읽어내 승화하려 했다. 도로 옹벽에 등을 기대어 건물의 덩어리를 분절하고 그 사이에 계단을 삽입했다. 산복도로에서 흔히 볼 수 있는 작은 집들의 집합처럼 주변 건물과 전혀 다르면서도 어우러지는 독특한 형태를 만들었다. 사무 공간에 사용한 검은 벽돌과 주거 공간에 사용한 흰색 페인트 마감 역시 서로 대비되는 듯 잘 어울린다. 이것은 전통 건축에서 사용되던 전벽돌과 회벽의 조합 같기도 하고, 주변 건물군이 가지고 있는 타일과 페인트 마감의 오래된 질감과도 유사한 맥락으로 느껴진다. 건물의 왼쪽 부분은 1층 사무 공간과 2층 주거 공간이 위아래로 배치되어 있고, 오른쪽 부분은 복층 형태로 연결된 커뮤니티 공간이 마련되어 있다. 특히 커뮤니티 공간은 6미터의 대형 폴딩 도어(folding door)를 달아 공간의 수평 확장을 꾀했으며, 복층으로 뚫린 공간에 다채로운 목재 마감과 가지각색 펜던트(pendant) 조명을 수직으로 연출해 유쾌한 공간을 만들었다.

부산광역시건축사회관
Korea Institute of Registered Architects Busan

손숙희 | 2015

부산진구 중앙대로 973(양정동)

부산광역시건축사회관은 현상공모를 거쳐 건축가 손숙희의 설계로 만들어졌다. 대지의 한쪽은 40미터 대로에 접해 있고, 다른 한쪽은 4미터의 좁은 이면도로를 끼고 있다. 거기에 지형 자체도 3미터가량 높이 차이가 있는 특수한 조건이었다. 빠른 도시의 흐름에 노출되어 있는 전면도로 방향의 외관은 산복도로의 적층된 집들처럼 노출콘크리트, 투명 유리, 징크 패널(zinc panel) 등 각기 다른 재료로 된 매스가 얹혀 있다. 2층의 유리면을 감싸고 있는 흰색 테두리는 안쪽으로 꺾여 있는 건물 후면부까지 휘돌아 적용되어 시선의 흐름을 안으로 끌고 들어간다. 이면도로의 외관을 경사면으로 처리한 것은

인접한 골목의 건물들 속에 약간의 개방감을 선사하기 위함이고, 2층 발코니와 계단실 측벽에 탄화목을 채택한 것은 차가운 외장 재료 사이에 따스한 온기를 불어넣기 위함이다. 건축가의 세심한 배려가 읽히는 부분이다. 탁 트인 유리 벽면과 발코니를 가진 2층의 회원 휴게 공간에서는 도시를 조망할 수 있으며, 수직 철봉으로 된 전시용 난간을 잡고 계단을 오르면 옥상의 하늘마당에 오를 수 있다. 주변 건물과의 시각적 간섭을 피하기 위해 높게 세운 옥상의 흰 벽면은 열린 하늘을 담아내는 특별한 공간을 만든다. 건축가 지명구가 부식 철판으로 만든 1층 출입구의 현판 디자인도 눈길을 끈다.

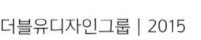

하운드호텔
Hound Hotel

더블유디자인그룹 | 2015

부산진구 중앙대로691번가길 10(부전동)

하운드호텔의 설계와 시공은 클럽 그리드, 25아워스 디자인호텔, 부산국제영화제 게스트라운지 등을 디자인해온 더블유디자인그룹의 이승훈, 김미나가 진행했다. 서면의 상업 시설로 빼곡한 번화가 한가운데 자리 잡은 호텔이지만 주변 건물과 비교하면 형태와 재료의 차별성이 눈에 띈다. 모퉁이 땅의 법적 도로사선제한을 역으로 활용해 상층부로 올라갈수록 건물이 점점 뒤로 물러서게 배치했다. 이에 따라 객실 전면에 개인별 야외 스파 공간이나 테라스를 두어 공간을 활용했다. 외장 재료를 살펴보면 저층부는 회색 석재를 잘게 쪼개 붙이고, 중간층은 흰색 페인트, 고층부는 노출콘크리트로 마감함으로써 형태가 가진 볼륨감을 더욱 부각시켰다. 1층은 세련된 분위기의 펍(pub)과 엔틱 가구, 소품으로 가득한 작은 로비로 구성되어 있다. 객실마다 다른 콘셉트의 디자인을 적용했고, 꼭대기 층인 펜트하우스는 복층 구조에 풀빌라 성격의 노천 풀장까지 갖추고 있어 부티크 호텔의 면모를 갖췄다.

연제구

YEONJE-GU

부산아시아드주경기장
Main Stadium of Busan Asiad

장세양, 이상림 | 2001

연제구 월드컵대로 344(거제동)

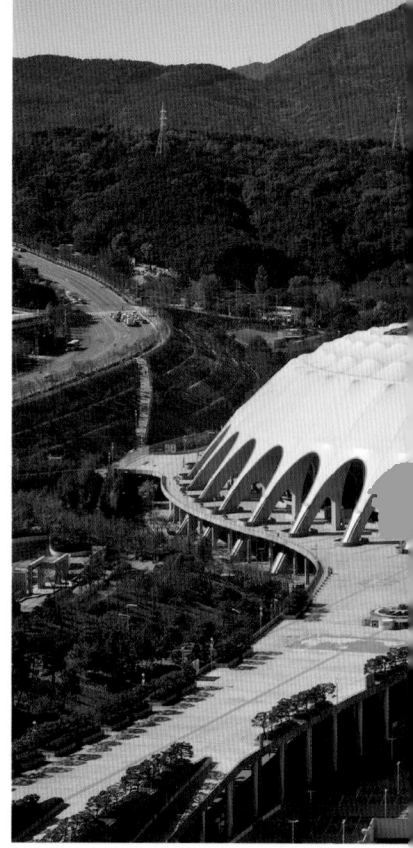

2001년에 준공된 부산아시아드주경기장은 축구와 육상 경기를 할 수 있는 다목적 경기장이며, 좌석 수 5만 3,760여 석으로 최대 8만 명의 관중을 수용할 수 있는 대형 공간이다. 관중석 상부를 덮고 있는 지붕은 돔 형태의 반개방형 케이블(cable) 구조이며, 흰색 유리 섬유로 된 지붕 덮개가 비와 직사광선을 막아준다. 새 천년을 맞아 웅비하는 듯한 원형의 구조물은 투박한 벽 대신 48개의 곡선 기둥과 72개의 출입구를 두어 역동성과 개방감을 강조했다. 곡선 기둥이 맞닿은 경기장 외부 바닥의 둘레에는 토성의 띠와 같은 데크를 설치해 원형의 조형적 특징을 더욱 부각시켰다.

부산시청사
Busan Metropolitan City Hall

일신설계종합건축사사무소 | 1998

연제구 중앙대로 1001(연산동)

지금의 롯데백화점 중앙동 지점에 위치해 있던 부산시 청사는 일제강점기의 잔재라는 이유로 1998년에 철거되어 같은 해 연산동 신청사로 이전했다. 신청사에는 지상 28층의 시본청과 지상 7층의 시의회, 지상 16층의 경찰청이 함께 건립되었다. 복합 청사라는 점 때문에 관공서로서의 상징성을 공유하고 있으며, 시민을 위한 시행정의 구심점 역할을 하고 있다. 전면 중앙로와 건물의 축을 일치시킴으로써 도시적 흐름에 순응했고, 대지 전면의 넓은 여유 공간은 만남의 장 또는 상징적 광장 역할을 한다. 대지의 높이 차이를 이용해 전면에서는 2층으로, 후면에서는 1층으로 진입하도록 설계했다. 기단 형식의 저층부나 회랑(corridor) 구성, 격자 창호 패턴, 상부 지붕의 코니스(cornice) 처리 등 고전적인 건축 구성 방식을 통해 건물의 기품을 확보하려 했으며, 탑상 형태의 매스로 개방감과 시원한 스카이라인을 형성한다.

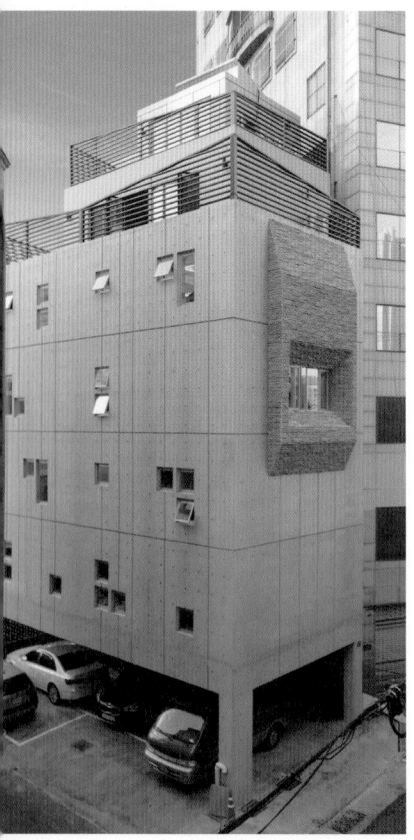

굳디자인 사옥
GoodDesign Building

김성수 | 2014

연제구 연제로27번길 6(연산동)

건축가 김성수가 설계한 굳디자인 사옥은 시각 디자인을 전문으로 하는 업체의 사옥으로, 1층 필로티 주차장과 함께 6개 층의 사무 공간을 갖추고 있다. 협소한 대지에 도로사선제한의 어려움을 해결하기 위해 노출 콘크리트로 된 강직한 박스형 매스를 세우고, 그 위로 테라스를 가진 회의 공간과 대표실을 얹어놓았다. 형태의 단순함을 피하기 위해 율동감 있는 철재 테라스 난간을 도입했고, 측벽에는 작은 사각창을 리듬감 있게 뚫어 배치했다. 이 건물에서 가장 인상 깊은 디자인은 전면도로 측 파사드에 거친 마감의 돌출 프레임과 하나의 창을 정중앙에 두어 에너지가 집약되도록 한 것이다. 디자인 회사답게 내부 곳곳을 강조 색과 아기자기한 소품, 식물로 장식했다.

연제구국민체육센터
KSPO Yeonje Sports Center

이한식, 이로재 | 2013

연제구 쌍미천로 132(연산동)

연제구국민체육센터는 3층가량 높이 차이가 있는 초등학교의 축담과 운동장 일부를 철거한 위치에 건립되었다. 건물 파사드는 복잡한 동네의 집과 길이 만들어내는 패턴을 상징하듯 다수의 불규칙한 수직선으로 표현되어 있다. 수직의 노출콘크리트 프레임 사이사이를 주황빛 조적벽(組積壁)과 뒤로 살짝 물러선 유리로 번갈아가며 마감함으로써 매우 리드미컬한 입면이 만들어졌다. 지면에 닿은 하부 2개 층의 노출콘크리트 프레임 사이는 모두 뚫려 있어 깊은 그림자가 안으로 드리운다. 또한 콘크리트 벽기둥을 따라 오르는 긴 경사로는 장애인과 노인의 접근성을 돕는 장치이자, 위아래 동네 지역민의 이동 동선을 자연스럽게 유도하는 건축적 산책로 역할을 한다. 건물을 두 동으로 이원화하면서 가운데 설치한 큰 계단 광장에는 단절된 도시 조직을 연결하려는 의도가 담겨 있다. 더불어 옥상정원에 올라서면 앞으로 금련산, 금정산, 도시 전경을 조망할 수 있다. 내부의 주요 공간으로는 수영장, 실내 체육관, 체력 단련실뿐 아니라 요가, 스포츠댄스, 스트레칭 등이 가능한 다목적 프로그램실로 구성되어 있다.

동래구

DONGNAE-GU

동래별장

Dongnae Byeljang

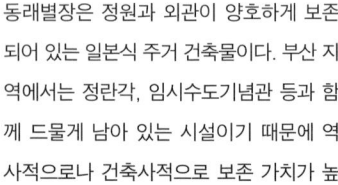

건축가 미상 | 1920년대
동래구 금강로123번길 12(온천동)

동래별장은 정원과 외관이 양호하게 보존되어 있는 일본식 주거 건축물이다. 부산 지역에서는 정란각, 임시수도기념관 등과 함께 드물게 남아 있는 시설이기 때문에 역사적으로나 건축사적으로 보존 가치가 높

다. 상업 건축물이 즐비한 온천장 번화가 골목 안쪽으로 들어가면 기와 담장이 둘러쳐진 너머로 우거진 수목과 고가 한 채가 눈에 띈다. 6,000여 제곱미터의 너른 대지에 일본식과 한국식이 혼재된 내부 정원과 함께 600여 제곱미터 2층짜리 목조 건물이 옛 정취를 고스란히 간직하고 있다. 일제강점기 당시 어마어마한 부호로 정평이 나 있던 하자마 후사타로(迫間房太郞)가 별장으로 지었다. 이후 미군정기에 군정청으로 잠시 사용되었으며, 6·25 전쟁 발발 때에는 부통령 관저로도 사용되었다. 1965년부터는 30년 가까이 고급 요정이었고, 2000년에 들어 지금의 고급 한정식 음식점으로 바뀌었다. 영욕의 세월을 지내면서도 건물 외부는 건립 당시의 모습을 간직하고 있다. 기와를 얹은 긴 처마와 목재 프레임으로 된 미닫이 창, 장식적으로 덧붙인 목재 난간, 부분 부분 적용된 목재 판벽 등에서 일본식 목조 건물의 특징을 찾을 수 있다. 하지만 건물 내부는 여러 차례 개보수 과정을 겪으면서 원형을 정확히 파악하기가 쉽지 않다. 다만 돌로 만든 목욕탕의 흔적이 남아 있는데, 이는 당시 최고 부자의 별장 형태를 가늠하게 한다. 최근에는 하우스웨딩이나 회갑연, 돌잔치 등을 위한 특별한 파티 장소로 인기가 높다.

복천박물관
Bokcheon Museum

박태수 | 1996

동래구 복천로 63(복천동)

복천박물관은 부산 복천동 고분군에서 출토된 유물들을 중심으로 삼한 시대부터 삼국 시대에 이르기까지 부산의 역사를 보여주는 고고 전문 박물관이다. 시대별 무덤 형식과 부장품이 전시되어 있으며, 가야 문화를 이해할 수 있는 각종 유물도 진열되어 있다. 성곽의 형태를 닮은 독특한 외형은 조선 중기 성곽의 적대(敵臺) 형태와 재료를 차용한 것이다. 최상층에는 주변의 고분군을 조망할 수 있는 전망대와 휴게실을 갖추고 있는데, 이는 적대의 본래 기능이기도 하다. 야외 공원에는 복천동 고분군을 직접 답사할 수 있는 둥근 돔형의 야외 전시관을 두었다.

아이언빌딩
Eyen Building

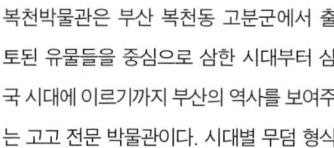

이충기, 동심원건축사사무소 | 2016

동래구 명륜로 103번길 19(명륜동)

두 도로가 예각으로 만나는 삼각형 대지 위의 아이언빌딩은 지하 2층, 지상 9층 규모에 한 층 면적이 115제곱미터가량인 그리 크지 않은 병원 건물이다. 층별 구분 없이 불규칙하게 뚫린 크고 작은 창문과 사선으로 감겨 올라가는 듯한 외형이 강한 인상을 남긴다. 6차선 전면도로에 접한 파사드 전층을 커튼월(curtain wall)로 처리해, 내부에서는 도시의 흐름을 조망할 수 있고 외부에서는 내부 공간의 개방감이 강조된다.

부산광역시 119안전체험관
Busan Safety & Experience Center

일신설계종합건축사사무소 | 2016

동래구 우장춘로117번길 12(온천동)

부산광역시 119안전체험관은 각종 자연재해나 생활 속에서 발생할 수 있는 재난 상황에 대비해 안전 지식을 배우고 안전 습관을 익히기 위한 목적으로 건립된 시설이다. 지하 1층, 지상 3층 규모의 건물에는 5개의 전시 및 체험 공간이 테마별로 구성되어 있다. 특히 해양 생존, 태풍 극복, 지진 극복, 쓰나미 대응, 원전방사능 체험 공간에는 실제 상황을 연출하기 위한 고가의 장비가 구축되어 있다. 그 외에도 화재 상황에서 소화 체험을 하거나 4D영상관에서 입체 체험을 하는 등 인상적인 프로그램을 갖추고 있다. 건물 외형은 금강공원의 자연 지세를 따라 벽의 곡면이 중첩되는데, 가장 전면으로 돌출된 벽면에 개나리 색상의 패널을 채택해 주목성을 높였다.

비온후
BeOnWho

장지훈, 다움건축종합건축사사무소 | 2011

동래구 온천천로285번길 4(수안동)

비온후는 출판사 사무실을 겸한 개인 주택으로 건축가 장지훈이 설계했다. 일본에서 말하는 협소 주택에 해당하는 99제곱미터 남짓한 땅에 지은 작은 규모의 건축물이지만 뾰족한 삼각 지붕을 얹어 3층 주거 공간에 복층 다락까지 갖추고 있다. 1층은 남편이 운영하는 출판사이고, 2층은 건축 사진가인 아내의 사진 작업실과 주방을 두었고, 3층은 네 식구의 안락한 집이다. 사진 작업실과 주방 사이에는 큰 목재 슬라이딩 도어를 설치해 공적 공간과 사적 공간을 절묘하게 공유한다. 외벽 마감재로 채택한 각목재(방부목)는 집을 따뜻하게 보이도록 하며, 도로 쪽으로 난 전면 벽에는 금속 조각가의 도움으로 부식 철판을 부착해 강한 인상을 갖게 되었다.

금정구

GEUMJEONG-GU

전율을 일으키는 장소에는 혼이 스며 있다

전율을 일으키는 문학 작품이나 예술 작품을
대면할 때 우리는 작가에 대해 궁금해한다. 왜냐하면
작품은 제 스스로 존재하는 것이 아니라 작가의
정신으로 태어나는 것이기 때문이다. 작가가 세상의
결을 어떻게 읽어내고 어떤 소재를 활용해 그것을
표현하는지 등이 궁금증의 핵심이다. 작가의 혼이 담긴
작품은 그윽한 향과 같아서 명쾌하게 뭐라 정의내리기는
어려우나 항시 복합적인 뉘앙스를 은근히 드러내는
공통점이 있다. 건축물에서도 간혹 혼이 깃든 작품을
만날 때가 있다. 장소의 감각을 잘 읽어내고 건축가의
정신을 잘 버무려 원래부터 거기에 있었던, 아니면
있어야 했던 것처럼 디자인한다. 기억을 되살리고
맥락을 짚어냄으로써 시간이 지나 스스로 장소가 되게끔
하는 것이다. 혼이 담긴 장소에 가면 누구나 감동하게
된다. 스멀스멀 피어오르는 아지랑이처럼 스며 있는
땅의 기운이, 장소의 정서가 가슴에 와 닿는다.

요산문학관
Yosan Literary Museum
안용대 | 2006

금정구 팔송로 60-6(남산동)

요산문학관은 요산 김정한의 생가 터에 지어졌다. 부산의 대표 문학가 요산은 누구보다 땅에 애착이 깊었기에 이곳에서 지역 리얼리즘을 소재로 삼아 올곧은 문학을 펼쳤다. 2003년에 복원된 생가는 팔작지붕의 일자형 목조 전통 한옥이다. 옛집을 품으면서 새 전시관 건물을 신축한다는 것이 가히 쉽지 않은 일이었을 것이다. 설계를 맡은 건축가 안용대는 한옥 기와를 닮은 경사진 지붕선을 채택해 옛것과의 조화를 꾀하면서도, 벽돌 벽면에 다양한 형태의 창을 뚫어 현대적 디자인을 추구했다. 1층 출입구 앞 필로티는 잔디마당의 흐름을 그대로 이어받아 뒷마을까지도 시선이 확장되는 개방감을 제공한다. 벽면 전체가 유리로 된 1층 북카페에서는 마당과 생가가 한눈에 들어온다. 2층 전시실의 한쪽 벽면에 뚫린 낮은 창으로도 마당과 생가를 내려다볼 수 있다. 2층 소규모 도서관은 직사각형의 공간이 의도적으로 안쪽 쏠림 벽으로 처리되어 외부 조망

의 극적 효과를 더한다. 이에 대해 건축가는 "문학과 사회의 소통을 지향한 요산의 정신을 담으려 했다."라고 말했다. 3층에는 방문하는 문인들에게만 개방하는 2개의 집필실을 두었고, 집필실에 딸린 테라스는 전면으로 아담한 옥상정원과 마을 전체를 조망할 수 있는 작은 돌출 난간이 있다. 여기에 서면 1층 유리벽에 요산의 큼지막한 사진과 함께 적혀 있는 '사람답게 살아가라.'라는 붉은색 글귀가 환청으로 들리는 듯하다.

순여성병원
Soon Woman's Hospital
안용대 | 2011

금정구 중앙대로1701(부곡동)

순여성병원은 분만센터와 산후조리원을 비롯한 각종 여성 질병 크리닉이 복합된 건물이다. 'ㄴ'자의 매스 위에 앞으로 비스듬히 기울어진 'ㄱ'자의 매스가 얹혀 있는 독특한 형태가 대로변에서도 금방 눈길을 사로잡는다. 게다가 건물 전체를 뒤덮은 회색빛의 반투명 유리 재질과 수직으로 길게 뻗은 투명 유리의 반복된 패턴이 형태가 주는 이미지를 더욱 강렬하게 만든다. 두 덩어리가 만나는 가운데 부분은 그대로 비워 대나무와 각종 관목이 자라는 정원으로 조성했다. 옥상에 조성된 하늘정원 역시 도시와 자연 경관을 조망하기 좋도록 만들어 환자에게 휴식처를 제공한다.

킴스아트필드미술관
Kim's Art Field Museum
김정명 | 2006

금정구 죽전1길 29(금성동)

금정산 능선을 넘어 조금만 내려가면 너른 분지의 마을 한가운데 범상찮은 형태의 미술관이 숨어 있다. 이름도 독특한 킴스아트필드미술관이다. 잔디마당 곳곳에 철재나 황동으로 만든 조각품이 널려 있고, 건물 벽면에도 부조 된 작품이 부착되어 있다. 마치 땅에서 혹은 벽에서 자라난 작품처럼 보인다. 개인 작업 공간을 리모델링해 미술관으로 전환한 이 건물은 3개의 전시실과 조각마당, 수장고, 교육실, 자료실 등을 갖추고 있다. 입구는 화려한 파스텔톤 색이 칠해져 있고, 2층에 있는 3개의 방은 각각 노랑, 빨강, 파랑으로 온통 칠해져 있어 색다른 공간 경험을 하게 한다. 1층의 연속된 작은 방들과 지하 1층의 큰 원형 공간은 기획 전시마다 매번 바뀐다.

한국순교복자수녀회
오륜대 수도원

Sisters of the Blessed Korean Martyrs

Oryundae Monastery

임성필 | 2015

금정구 오륜대로 235-13(오륜동)

금정구 오륜 본동마을은 회동수원지를 끼고 있는 호젓한 도심지 마을이다. 아직은 상업적으로 덜 개발된 터라 경관 자체만으로도 힐링이 되는 곳이다. 수원지를 내려다보는 조금 높은 경사지에 정갈한 외관으로 눈길을 끄는 건물이 바로 오륜대 수도원이다. 고벽돌 타일로 마감한 직방형 외관과 흰벽으로 마감한 최상층 박공지붕은 서로 대비되는 듯 잘 어울린다. 1층에는 사랑방 같은 접견실과 호수 조망이 가능하도록 벽 전체가 유리창으로 된 홀 겸 카페가 있다. 2층과 3층에는 수녀들이 이용하는 여러 칸의 개별 숙소와 스테인드글라스의 빛을 머금은 작은 경당이 있다. 4층에는 함께 모일 수 있는 식사 공간과 하늘, 산봉우리, 호수의 결을 한 꺼번에 호흡할 수 있는 야외 데크가 연결되어 있다. 80여 석의 지하 강당에는 2미터는 됨 직한 깊숙한 빛우물창이 있고, 3층 경당 외부 테라스에는 벽돌 틈 사이로 숱한 빛그림자가 스며든다. 전반적인 공간의 내밀함과 곳곳의 정제된 빛 효과는 이곳의 수녀에게 명상과 정서 수련의 환경을 제공한다.

부산대학교 인문관
Humanities Hall at Pusan National University

김중업 | 1959

금정구 부산대학로63번길 2(장전동)

부산대학교 인문관의 설계자인 고 김중업은 한국 현대 건축을 선도했다. 부산대학교의 옛 본관이기도 했던 인문관 건물은 그의 초기 작품으로, 스승이자 현대 건축의 거장 르 코르뷔지에(Le Corbusier)의 건축 어휘를 모방하고 있지만 합리적 표현과 시적 감수성의 실험을 발견할 수 있다. 140미터에 이르는 'L'자형의 흰색 건물 형태는 비례가 잘 잡혀 있으면서도 배경으로 펼쳐져 있는 금정산의 산세와 어우러진다. 경사 지형에 대응해 1층 일부가 필로티 구조로 되어 있기 때문에 건물이 무거워 보이지 않으며, 건물 내외부가 상호 소통하는 효과를 준다. 또 휘어진 곡면은 대학의 구심점이라는 이미지와 동시에 권위적이지 않은 친근함을 느끼게 한다. 5층까지 수직으로 뚫려 있는 중앙홀 전면부가 개방적인 커튼월인 반면, 후면부는 롱샹성당(Notre Dame du Haut)의 벽면과 같은 모자이크식 조립창으로 되어 있어 대비를 이룬다. 중앙홀의 'T'자형 계단은 사실 기능적으로 불편한 구조이지만 돌아 오르면서 시원한 전면 조망과 아기자기한 후면 조망을 번갈아 보는 재미를 느낄 수 있다. 밖으로 나와 건물 후면부에서 보는 수목과 겹쳐진 모자이크식 조립창은 이 건물의 백미다.

부산외국어대학교 건학관
Chapel at Busan University of Foreign Studies

니켄세케이, 오신욱 | 2014

금정구 금샘로485번길 65(남산동)

두 손을 가지런히 모은 듯한 형상의 부산외국어대학교 건학관은 일본 건축그룹 니켄세케이(日建設計)와 오신욱의 합작이다. 대학 안에 있는 작은 교회인 건학관은 예배실, 사무실과 함께 크고 작은 모임을 할 수 있는 4개의 세미나실로 구성되어 있다. 황토색 점토 벽돌로 마감된 유려한 2개의 벽이 곡면을 이루며 건물 외부를 감싸고, 벽이 만나는 지점인 중앙부에 유리가 수직으로 끼워져 있다. 따뜻함과 동시에 미묘한 긴장감이 이중으로 감돈다. 양쪽 출입구에서 채광창이 수직으로 올라가다 그대로 건물 옥상의 천창까지 이어지도록 하나의 긴 띠창(ribbon window)을 형성한다. 예배실의 내부는 위아래 쌓기법을 달리 적용한 갈색 벽돌벽이 공간 전체를 묵직하게 감싸며, 제단부의 이중벽은 흰색 페인트로 마감했다. 띠창에서 스며든 은은한 빛은 조적벽의 질감을 더욱 도드라지게 할 뿐 아니라 공간의 볼륨감을 풍성하게 한다.

범어사

Beomeosa

건축가 미상 | 678

금정구 범어사로 250(청룡동)

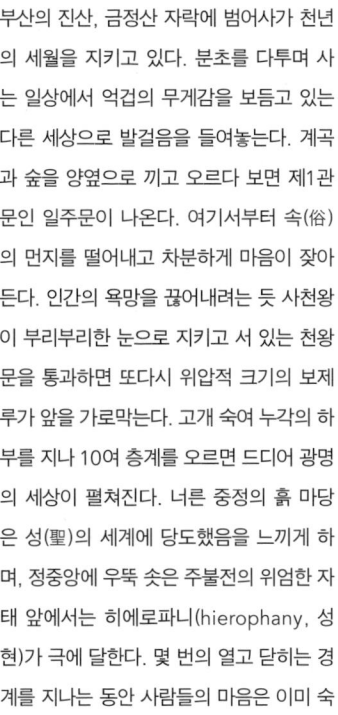

부산의 진산, 금정산 자락에 범어사가 천년의 세월을 지키고 있다. 분초를 다투며 사는 일상에서 억겁의 무게감을 보듬고 있는 다른 세상으로 발걸음을 들여놓는다. 계곡과 숲을 양옆으로 끼고 오르다 보면 제1관문인 일주문이 나온다. 여기서부터 속(俗)의 먼지를 떨어내고 차분하게 마음이 잦아든다. 인간의 욕망을 끊어내려는 듯 사천왕이 부리부리한 눈으로 지키고 서 있는 천왕문을 통과하면 또다시 위압적 크기의 보제루가 앞을 가로막는다. 고개 숙여 누각의 하부를 지나 10여 층계를 오르면 드디어 광명의 세상이 펼쳐진다. 너른 중정의 흙 마당은 성(聖)의 세계에 당도했음을 느끼게 하며, 정중앙에 우뚝 솟은 주불전의 위엄한 자태 앞에서는 히에로파니(hierophany, 성현)가 극에 달한다. 몇 번의 열고 닫히는 경계를 지나는 동안 사람들의 마음은 이미 숙

연해 있다. 너른 마당의 한자리를 무념무상으로 지키는 3층 석탑과 석등, 당간지주(幢竿支柱)는 천년의 시간을 붙들고 있다. 대웅전 기단에 올라 뒤로 돌아서면 양옆의 미륵전, 비로전, 지장전, 관음전과 보제루가 마당을 완전히 에워싸고 있는 형국이다. 마당 너머로는 풍수지리에서 말하는 좌청룡 우백호의 산세가 감싸 안고 있으며, 거기에 푸른 하늘까지 온통 투영되어 담긴 듯하다. 어느 것 하나 유아독존의 우김이 없다. 양옆으로 펼쳐진 승려의 수행 공간과 처소 역시 지붕 기와만이 겹쳐 보일 뿐이다. 욕망을 절제하고 자연 앞에 겸양하니 모든 것이 어우러진다. 대웅전의 외부는 간박하다. 맞배지붕과 지붕을 받치기 위한 다포식 공포(栱包), 비례감 좋은 간격의 목조 기둥이 전체 구조를 이루고 있다. 특이하게도 건물 양 모서리의 기둥은 석조 기둥 위에 목조 기둥이 얹혀 있다. 거친 정다듬의 장주석은 석재의 질감이 그대로 드러난다. 원형 석주에 올라가 있는 작달막한 목기둥, 그리고 그 위에 화려한 색의 단청과 삐죽삐죽 튀어나온 공포는 그 자체로 자연을 빼닮았다.

이도재
New Man Society

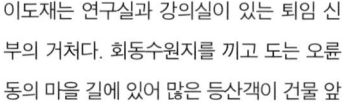

김상진 | 2009

금정구 오륜대로 257(오륜동)

이도재는 연구실과 강의실이 있는 퇴임 신부의 거처다. 회동수원지를 끼고 도는 오륜동의 마을 길에 있어 많은 등산객이 건물 앞을 지나다닌다. 건물 전면으로는 저수지가 펼쳐지고, 후면으로는 소나무 숲과 멀리 산세가 한눈에 들어오는 멋진 입지다. 전체 외양은 한옥 구조를 닮아 있으나 실제로는 온통 회색의 노출콘크리트로 마감되어 있다. 게다가 1층은 주차 공간을 위해 필로티 구조로 되어 있어 건물이 공중에 부양한 듯한 모습이다. 2층 중앙은 대청마루처럼 앞뒤가 완전히 뚫려 있는 옥외 데크 형식인데, 자연 채광이 쏟아지도록 천장도 개방적 구조를 취하고 있다. 데크 왼쪽은 연구실이고 오른쪽은 성서 공부가 이루어지는 강연실, 일종의 서당이다. 데크에서 연장된 공중 다리가 강연실 앞까지 이어지도록 설계되어 주변 경관을 누릴 수 있다. 건물 서측 벽면에 '함께 여는 세상'이란 뜻의 '이도재(履道齋)'가 한자로 새겨져 상징성을 더한다.

예술지구P
Art District_P

김명건 | 2014

금정구 개좌로 162(회동동)

공장과 창고로 빼곡하던 회동동 금사 공단에 복합 문화 공간이 들어섰다. 그것도 도시 고속도로의 짙은 그림자가 덮고 있는 삭막하기 짝이 없던 장소에 자리하고 있다. 마치 시멘트 담벼락 틈 사이로 풀이 자라나오는 것과 같이, 누구도 예상치 못한 곳에 창작의 꽃이 피어날 터가 마련된 것이다. 두 동 가운데 하나는 기존 건물을 리모델링한 것이고, 나머지 하나는 신축이다. 옛 창고를 개조한 건물의 1층에는 넓은 전시 공간이 있는데, 천장 슬래브 가운데를 뚫어 공간의 긴장감을 더했다. 철재 원형 계단을 오르면 입주 작가들의 개인 작업 공간이 나열되어 있다. 신축한 건물 1층에는 흡음과 음향에 만전을 기울인 층고 높은 공연장이 있고, 2층에는 젊은 대중음악 지망생들을 위한 녹음실이 있다. 3층 경사지붕 아래로는 온통 흰색으로 된 넓은 갤러리와 지원센터가 자리잡고 있다. 이 모든 환경의 조성과 운영 경비를 지역의 한 중소기업에서 전적으로 감당하고 있다는 사실이 반갑다. 영리 목적이 아닌 순수예술 창작 공간의 운영에 물심양면으로 후원하고 있다. 인근에 또 다른 허름한 창고를 리모델링해 전시 공간과 게스트하우스로 만들어 이 지역을 이름처럼 '예술지구'로 바꾸어가고 있다.

한울타리주택
Hanwooltari House
김성률 | 2014
금정구 죽전1길 14-1(금성동)

금정산 꼭대기 분지에 있는 금정마을에 각기 다른 독특한 형태로 된 네 채의 집이 한 젊은 건축가의 손을 거쳐 만들어졌다. 이름하여 '한울타리주택'은 마음 맞는 네 가족이 연합해 하나의 작은 단지를 형성한 것으로, 비록 적은 예산이긴 하나 각 가족의 삶에 가장 잘 맞는 공간을 만들기 위한 노력 가운데 건립되었다. 외부 마감 재료도 집집마다 일률적이지 않다. 시멘트 사이딩(siding), CRC(cellulose fiber reinforced cement) 보드, 현무암 타일, 적삼목 사이딩 등 다양하게 적용되었다. 형태도 구멍 뚫린 헛벽을 강조하거나 건물 전체를 기울여 경사지붕을 연출하는 등의 디자인 해법을 사용한 것이 눈에 띈다. 평상 같은 계단참이나 햇살이 드는 여유로운 욕실 등 내부 공간도 가족들의 요구에 일일이 대응해 틀에 박히지 않은 개성 있는 집을 만들어냈다. 집과 집 사이에 형성된 마당은 아이들이 어울려 뛰놀 수 있는 드넓은 공유 공간이 되어준다.

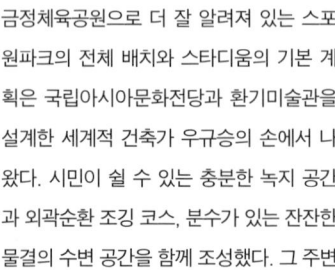

스포원파크
Spo1 Park

우규승, 일신설계종합건축사사무소 | 2002
금정구 체육공원로399번길 324(두구동)

금정체육공원으로 더 잘 알려져 있는 스포
원파크의 전체 배치와 스타디움의 기본 계
획은 국립아시아문화전당과 환기미술관을
설계한 세계적 건축가 우규승의 손에서 나
왔다. 시민이 쉴 수 있는 충분한 녹지 공간
과 외곽순환 조깅 코스, 분수가 있는 잔잔한
물결의 수변 공간을 함께 조성했다. 그 주변

으로는 5,050여 석 규모의 실내 체육관과
시원하게 휘어져 돌아가는 트랙, 관람석, 극
장식 관전 홀이 있는 경륜장, 아시아 최고
시설을 자랑하는 테니스 코트가 자리 잡고
있다. 이외에도 수영장, 워터파크, 피트니스
센터, 풋살장, 축구장, 야구장, 인공 암벽장
등이 배치되어 있어 그야말로 종합 체육 공
원이다. 대규모 스포츠 콤플렉스임에도 유
려한 곡면의 경륜장 지붕선과 따뜻한 질감
의 벽돌로 마감한 실내 체육관 내외부 벽면
이 주변 지세와 잘 어우러져 편안한 느낌을
전달하는 공원으로 자리 잡았다.

북구

미래로병원
Miraero Women's Hospital

안용대 | 2006

북구 금곡대로 15(덕천동)

건축가 안용대는 병원 건축의 새로운 디자인 흐름을 만들어냈다. 특히 단순한 박스형이 아니라 분절된 건물 덩어리의 결합, 돌출, 비워냄과 같은 조형적 수법으로 차별화된 외형의 병원 이미지를 표현했다. 미래로병원 역시 건물 사방 곳곳을 파내거나 덧대는 방식으로 다양한 변화를 주었다. 병원 외부는 창을 최소화하고 정렬되지 않은 배치를 보이는 반면, 내부는 크고 작은 비움의 공간을 배치해 안으로 열린 구조를 채택했다. 이는 산부인과와 산후조리원을 기본으로 하는 여성 전문 병원의 속성에 대응한 디자인이라 볼 수 있다. 층마다 적용한 중정과 발코니는 여성 환자를 위한 정서적 치유의 환경을 마련해주고 있다. 신선한 외부 공기를 접하면서 간단한 산책을 할 수 있고, 내리쬐는 자연 채광은 시간대별로 다른 풍경을 만드는 빛의 움직임으로 감성을 자극한다. 수직으로 크게 뚫린 중정은 초록 식물뿐 아니라 도시와 낙동강의 전경을 바라볼 수 있는 시각적 즐거움도 제공한다.

레지던스 엘가
Residence L-ga

김용남 | 2015

북구 학사로 140(화명동)

젠가 같기도 하고 레고를 조립한 것 같기도 한 외형의 레지던스 엘가는 건축가 김용남의 설계로 만들어졌다. 'L'자의 평면 형태를 기본으로, 각 세대마다 테라스가 있는 경우와 테라스 없이 개방된 경우를 반복 적용해 계단식으로 적층된 파격적인 외형이 만들어졌다. 아래층의 지붕이 윗집의 마당이 되고, 뚫려 있는 위아랫집의 마당과 마당 사이에서는 자연스러운 관계 형성이 이루어진다. 이는 창을 통해서만 외부와 교감할 수밖에 없었던 기존 공동 주거의 폐쇄성을 극복한 혁신적 아이디어라 할 수 있다. 테라스 마당에서는 이웃 세대와의 소통은 물론, 도시의 흐름이나 인접한 공원과 관계를 맺어가면서 다채로운 풍경을 담아낼 수 있다.

인터화이트

Inter White

오신욱 | 2015

북구 용당로16번길 15(화명동)

건축가 오신욱이 설계한 인터화이트는 임대 세대를 가진 상가주택 건물이다. 상가주택은 일반적으로 저층에 임대 공간을 층별로 두고 최상층에 주인집이 있다. 그러나 인터화이트는 삼각형에 가까운 대지를 다시 둘로 쪼개어 주인집과 임대 공간을 수평으로 구분한 점이 특징이다. 그에 따라 임차인은 정형에 가까운 내부 공간을 갖게 되었고, 집주인은 독립성과 지면, 옥상을 모두 확보하게 되었다. 상가로 임대한 1층은 가로로 넓은 창을 적용했고, 2-4층의 방 2개짜리 임대주택은 각각의 입방체를 조금씩 비틀어 배치해 조형성을 강조했다. 개체성을 드러내는 백색의 덩어리를 적층시켜놓은 듯한 형태 변화로 삼각형 땅이 가진 속성이 매우 강해진 것이다. 옥상으로 오르는 계단실에 뚫린 불규칙한 사각형 창들은 임대 세대원이 출입할 때 밝은 환경을 제공한다. 주인집의 경우 약간 벌어진 'ㄱ'자형 공간에 층별로 각종 생활 공간이 부여되어 있다. 1층에서 반 층 내려가면 접대실 겸 놀이 공간, 1층에서 반 층 올라가면 중간 휴식 공간, 2층에는 전면 창으로 동네를 내다볼 수 있는 부엌 겸 식당, 또 한 층 오르면 TV가 놓인 거실, 복도를 따라 안으로 들어가면 사적 공간인 화장실과 안방이 차례로 나온다.

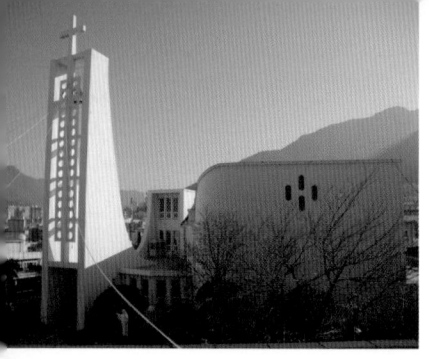

구포성당
Gupo Catholic Church

알빈 슈미트 | 1965

북구 가람로52번길 44(구포동)

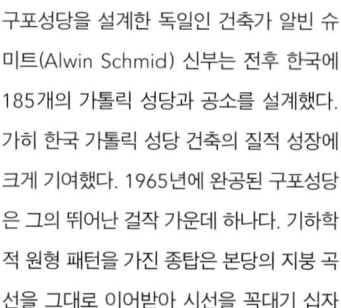

구포성당을 설계한 독일인 건축가 알빈 슈미트(Alwin Schmid) 신부는 전후 한국에 185개의 가톨릭 성당과 공소를 설계했다. 가히 한국 가톨릭 성당 건축의 질적 성장에 크게 기여했다. 1965년에 완공된 구포성당은 그의 뛰어난 걸작 가운데 하나다. 기하학적 원형 패턴을 가진 종탑은 본당의 지붕 곡선을 그대로 이어받아 시선을 꼭대기 십자

가에 집중시킨다. 우뚝 서 있으나 위압적이기보다는 세상을 향해 두 팔을 벌린 것처럼 성도를 불러들이는 친근한 모습이다. 작은 로비에서 밀고 들어가는 커다란 목문은 일종의 성과 속의 경계를 이루는 전이 공간의 성격을 띤다. 통로를 꺾어 돌아서 성당 내부로 들어가면 외부의 소박하고 절제된 형태와는 달리 빛이 만연한 높은 층고의 미사 공간을 만난다. 기본적인 바실리카(basilica)식 공간으로, 천장에 리브(rib) 성격을 가진 완만한 경사보가 지나가고 좌측 상부 스테인드글라스를 통해 비쳐진 빛 그림자가 공간 가득히 종교적 색채를 덧입힌다. 중층 성가대석으로 오르내리는 나선형 계단은 가운데 축기둥에 의지해 한 단 한 단 공중에 매달린 듯하고, 철재 난간대와 육각형 창문에서도 건축가의 섬세한 손길을 느낄 수 있다. 최근 리모델링을 통해 성도석의 벽과 천장을 목재로 마감하고, 제단부의 휘어진 벽면 전체는 흰색으로 처리함으로써 미학적 균제미가 더욱 강조되었다.

화명수목원 전시온실
Hwamyeong Arboretum Greenhouse

안성호 | 2010

북구 산성로 299(화명동)

화명수목원 전시온실은 식생 관리의 기능만을 수행하기 위한 단순한 직사각형 건물이 아니다. 모서리를 꺾고 잎맥을 닮은 창 프레임을 디자인에 반영해 건물 외형 자체가 자연 속의 일부로 보인다. 온실의 특성상 천장과 사면 전체가 투명한 유리로 마감되어 있지만, 후면의 일부 벽면에는 회색빛 조적조를 적용해 디자인의 변화를 꾀했다. 유리벽을 따라 설치된 경사로를 올라가면 자연스레 2층 입구에 닿는다. 데크 목재와 흙길이 인도하는 대로 내부를 걸으며 위아래로 진열된 다종의 식물을 관람할 수 있고, 유리면에 부착된 광선, 온도, 습도를 조절하는 설비 시스템도 눈으로 확인할 수 있다.

부산제일교회
Busan First Church

임성필 | 2004

북구 금곡대로 252(화명동)

부산제일교회는 크게 세 동의 건물이 'ㄷ'자 형으로 상호 연결되어 가운데 마당과 정원을 두고 있다. 도로와 맞닿아 있는 유치원동과 본관동에 연결된 교육동은 노출콘크리트로 건물을 감싸면서도 유리와 목재를 적절히 혼용해 형태의 변화감을 꾀했다. 대지의 경사면을 활용해 도로면에서부터 사선으로 만들어진 진입 계단은 누하(樓下) 진입 방식을 통해 교회 내부로 자연스럽게 흡입되도록 한다. 넓은 안마당에 들어서면 왼쪽으로 노아의 방주를 연상케 하는 타원형의 본관동이 보이고, 이어지는 교육동과 유치원동의 유리 벽면을 통해 실내가 투영되어 개방감을 느낄 수 있다.

사상구

SASANG-GU

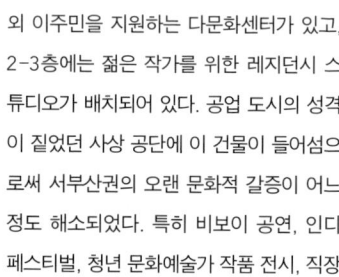

사상인디스테이션
Sasang Indie Station

인들디자인 | 2013

사상구 사상로 190(괘법동)

사상인디스테이션 또는 CATs(Container Arts Terminals)라고도 불리는 이곳은 공연장, 전시 공간, 레지던시 스튜디오를 갖춘 복합 문화 공간이다. 항만 물류 도시의 상징 컨테이너 구조물 27개를 이어 붙여 만든 특이한 사례로, 지상 3층 두 동으로 건립되었다. 컨테이너를 사선 방향으로 치켜세워 입구를 만든 소란동에는 공연장과 쇼케이스(전시 공간)가 있다. 높은 층고의 공연장은 다양한 무대 연출이 가능하기에 젊은 예술인들의 감각에 맞춰 얼마든지 변형이 가능하다. 2층 쇼케이스에는 컨테이너 한 칸 한 칸마다 독립된 전시 공간을 부여했고, 도시를 향한 전면의 벽을 통유리로 마감해 외부에서도 전시품을 볼 수 있게 했다. 노란색의 복도와 전시 공간 입구마다 다채로운 색상으로 꾸민 것이 인상적이다. 또 다른 건물

도란동 1층에는 인근 지역에 근무하는 해외 이주민을 지원하는 다문화센터가 있고, 2-3층에는 젊은 작가를 위한 레지던시 스튜디오가 배치되어 있다. 공업 도시의 성격이 짙었던 사상 공단에 이 건물이 들어섬으로써 서부산권의 오랜 문화적 갈증이 어느 정도 해소되었다. 특히 비보이 공연, 인디 페스티벌, 청년 문화예술가 작품 전시, 직장인 밴드 공연 등 다채로운 인디 문화가 펼쳐지고 있다.

동서대학교 민석도서관
Minseok Library at Dongseo University

견진현, 표응석, 김명건 | 2007

사상구 주례로 47(주례동)

동서대학교 캠퍼스에 있는 민석도서관은 산의 경사 지형이 가진 특성을 최대한 활용해 건립되었다. 건물 가운데를 관통해 오르는 거대한 진입 계단은 절토의 양을 최소화해 지형에 순응하려는 노력의 일환으로 보인다. 마치 한국의 산지형 사찰에서 건물 아래를 지나 오르게 하는 누하 진입처럼, 필로티 형식으로 띄워 올린 열람실의 하부를 지나 주출입구에 이를 수 있다. 2열로 된 15개의 원형 열주(列柱)는 상부의 길쭉한 매스를 떠받치며, 건물이 더욱 웅장하게 보이게끔 한다. 게다가 진출입하는 사람들에게 이 계단은 심리적 긴장을 유발한다. 중앙의 진입 계단이나 측면의 에스컬레이터를 이용해 올라가면 곧바로 하늘이 열린 중정을 만나게 된다. 건물이 'ㅁ'자로 감싸고 있는 직사각형 마당은 이용객에게 정서적인 안정과 순화의 기능을 제공함과 동시에 양측 열람실로 자연광을 유입시키는 본래의 기능을 수행한다. 건물의 형태가 전반적으로 경직돼 보일 수 있지만 전면, 진입 경사로, 그리고 중정에 대나무, 관목 등의 조경수를 충분히 식재함으로써 자연과 공존하는 사색의 도서관이라는 이미지를 갖췄다.

신라대학교 화랑관
Student Union at Silla University

정림건축종합건축사사무소 | 2006

사상구 백양대로700번길 140(괘법동)

신라대학교 학생회관을 화랑관이라 부른다. 재학생의 후생 복지를 위한 시설로 동아리실, 총학생회실, 학생지원부서와 카페, 식당, 편의점 등의 편의 시설을 갖추고 있다. 지하 1층, 지상 4층 규모의 건물은 지형이 가진 흐름을 그대로 이어받아 길게 꺾인 선형을 취한다. 4층의 지붕 패러핏(parapet)과 유리창은 끊김 없이 끝까지 연결해 연속성을 강조했고, 그 아래층은 유리면과 견고한 면, 넓은 면과 좁은 면 등으로 조합해 변화를 줬다. 신라대학교의 건물 대부분이 적벽돌 마감에 둥글둥글한 형태를 취하고 있지만, 화랑관은 흰색과 연회색의 밝은 마감재에 지형의 흐름을 따라 날렵한 수평선이 강조된 디자인으로 형태적 차이를 보인다.

사상구육아종합지원센터
Support Center for Childcare Services

주명구, 주종락 | 2014

사상구 낙동대로1210번길 17(괘법동)

사상구육아종합지원센터는 지역민의 육아 지원을 위한 거점 기관으로, 놀이체험실, 프로그램실, 다목적홀, 장난감과 유아 도서 대여실 및 도서관 등을 갖추고 있다. 각 층의 로비는 자작나무와 다양한 색상의 친환경 페인트로 밝고 명랑한 환경을 조성하고, 건물 외부 역시 성형 시멘트 패널과 스팬드럴 유리(spandrel glass), 아크릴 페인트 등으로 정갈하면서도 유아의 호기심을 자극할 입면 디자인을 적용했다. 특히 아이들의 다양성과 천진함을 표현한 듯한 초록, 노랑, 빨강의 크고 작은 돌출 프레임은 밋밋한 주변 도심지 환경에 신선한 자극제 역할을 한다.

사상생활사박물관
Sasang Eco Museum

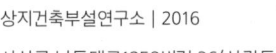

상지건축부설연구소 | 2016

사상구 낙동대로1258번길 36(삼락동)

삼락천 변에 건립된 사상생활사박물관은 3층 규모의 작은 건물로 상지건축부설연구소에서 설계를 맡았다. 2층에는 세미나나 기획 전시 등을 열 수 있는 커뮤니티 공간이 있고, 3층에는 사상 지역의 생활 변천사와 공업 지역 발전사를 볼 수 있는 전시 공간이 있다. 이곳에는 지역민들로부터 기증받은 3,000여 점의 옛 생활용품이 진열되어 있으며, 1910년 개교한 학교 교실이나 사상 공단 여공들이 생활하던 날날이집이 재현되어 있어 과거를 추억하게 한다. 건물은 가운데를 비운 'ㄷ'자형으로 되어 있는데, 한쪽은 박공 형태의 벽돌로, 다른 한쪽은 정방 형태 유리와 징크 패널로 마감해 대조적인 조합을 보여준다.

강서구

GANGSEO-GU

경계의 문지방,
등대에서 빛을 보다

거센 바닷바람과 파도에 맞서는 절벽 산 정점에
뿌리를 내리고 시작도 끝도 알 수 없는 밤바다의
어둠을 홀로 지켜내는 것이 등대다. 뭍이면서
바다이고 문명이면서 자연인 혼재의 땅, 여기도 저기도
아닌 경계의 접점, 그곳에 등대는 서 있다. 꿈인 듯
현실인 듯, 닿을 듯 말 듯 아스라한 바로 그 지점에서
등대는 오늘도 묵묵히 불을 밝히고 있다. 등대는
다른 세상을 넘나드는 문지방이다. 접점에 있는
두 세계를 나누기 위함이라기보다는 오히려 쉽게
건널 수 있도록 하는 '손 내밈'이다. 고요함의 수면
저 아래에는 마그마와 같은 역동적 생명의 힘이
움직이고 있다. 그래서 등대는 묵직하고도 심연과
같은 메시지를 우리에게 들려준다. 풍파 심한
세상 속에서 외로이 고군분투하는 우리에게 등대는
한줄기 빛을 비춰준다.

가덕도등대

Gadeokdo Lighthouse

건축가 미상 | 1909

강서구 가덕해안로 1237(대항동)

가덕도등대는 1909년 12월에 첫 빛을 밝혔으니, 이미 100년 세월을 훌쩍 넘었다. 일제강점기에 만들어진 근대 양식의 등대 중에서도 원형을 상당 부분 그대로 간직하고 있다는 점에서 문화재적 가치를 충분히 인정받고 있다. 특히 등탑과 등대원 관사가 한 건물에 결합되어 만들어진 유일무이한 사례로서 희소성이 있다. 외형에서는 일본식, 한국식, 서양식의 형태적 특징이 절충되어 있다. 건물의 상단부는 프랑스 낭만주의풍인 반면, 하단부와 창문열은 전통 일본식 형태가 버무려져 있다. 건물에 덧붙여진 목조 현관은 르네상스식 캐노피(canopy)에, 박공 장식에는 조선왕조를 상징하는 오얏꽃 형상이 새겨져 있다. 전체 사각형 건물의 정중앙에 약 9미터인 팔각형 등탑으로 오르는 홀을 두었고, 관사의 방들은 홀 주변으로 빙 둘러서 배치해놓고 있다. 방에서 방으로 연이어지도록 한 것이나 다다미 바닥은 일본식인 반면, 구들을 넣은 바닥난방 방식은 한국적

요소다. 그런가 하면 등탑에 오르는 계단은 그야말로 서양의 신고전주의식 장식이 가미된 멋스런 철제 계단으로 되어 있다. 이런 과감한 조합은 가히 시간적, 공간적 경계 접점이었기에 가능한 결과라 해석할 수 있다.

외양포 포대진지
Artillery Unit in Oeyang-po

건축가 미상 | 1904

강서구 가덕해안로 1319(대항동)

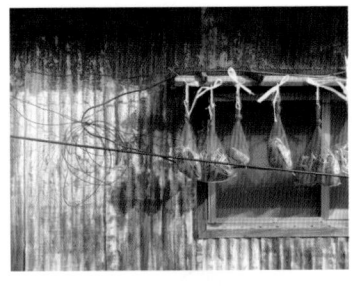

대륙 침략의 야욕을 품은 일본은 러일 전쟁과 태평양 전쟁을 대비해 한반도 동남단에 위치한 부산 및 진해만 일대에 교두보를 마련하고자 했다. 그중에서도 서쪽으로 진해만 요새 사령부와 동쪽으로 부산항을 끼고 있는 가덕도가 방어기지로서 최적격이었다. 일본군은 가덕도의 끝 지점 외양포마을 주민으로부터 토지를 강매한 뒤 자신들의 요새 사령부를 구축했다. 110여 년이 지난 지금도 이 마을에는 일본군 막사나 무기고, 장교 사택 등이 아픈 역사를 간직한 채옛 모습 그대로 남아 있다. 마을의 우측 어귀를 돌아 오르면 외부에서는 인식조차 할 수 없는 은폐된 포대진지가 있다. 원통형 구조물과 사방으로 긴 방호벽을 쌓아 올린 뒤그 위에 언덕처럼 흙을 덮고 수목으로 위장했다. 길이 80미터가량의 바닥은 시멘트로 평탄하게 정리되어 있고, 양쪽으로 충분한 탄약 비축이 가능한 창고 시설 두 동과 포실기능의 공간이 마주 나열되어 있다. 해안 몽돌을 섞은 콘크리트로 기본 구조의 틀을 잡았으며 포실의 전면에는 붉은 벽돌벽을 조금 안으로 들여서 쌓아 올렸다.

라임유치원
Lime Kindergarten

김원모, 이승규 | 2013
강서구 영강길91번길 7(명지동)

남측에 너른 놀이마당이 있는 라임유치원은 건축가 김원모와 이승규가 설계했다. 건물의 전체 형태나 마감재의 사용 면에서도 그렇지만, 특히 공간 활용에서의 기능적 효율성과 공간 흐름이 주는 유쾌함은 여느 유치원과도 다른 면모를 띠고 있다. 남북으로 긴 직사각형 땅이 35도가량 사선으로 틀어진 북측 도로와 맞닿아 있는데, 건축가는 크게 직사각형과 쐐기형의 두 매스를 결합하는 형태로 풀어냈다. 그 가운데에는 공용 공간인 출입구와 중앙 복도가 있는데, 천창과 전면의 긴 수직창이 기능적, 시각적, 심리적 중심 역할을 한다. 복도를 따라 나가면 실외 놀이터와 바로 연결된다. 공용 공간을 중심으로 양측에는 교실이 있고, 위아래층 수직 이동을 위한 계단실도 배치되어 있다. 공간의 연계가 원활하면서 이동할 때 자연스러운 상호 교호가 이루어지는 설계다. 공간의 확장성과 역동성을 더욱 강조하기 위해 건축가는 아이들의 시선이 닿는 곳곳을 세심하게 배려했다. 출입구에서부터 남측 유리면까지 이어지는 천창, 벽면 전체를 사선으로 잇는 줄눈, 다각형의 문과 라임색 문 테두리, 흰색과 연회색을 사선으로 잇댄 바닥과 천장 마감재, 삼각으로 접어내린 강당의 천장 마감재 등의 디테일을 적용했다. 강당과 바깥 놀이터를 바로 연결하기 위해 폴딩도어와 데크를 채택한 것도 공간 활용 면에서 좋은 아이디어다. 노출콘크리트, 징크 패널, 목재로 조합된 외부 마감재의 생경함도 오히려 아이들의 호기심을 자극한다.

사하구

지형의 수평과
수직을 매만지다

부산은 해안을 따라 긴 선형 구조이며, 크고 작은
산들이 곳곳에 솟아 있고, 700리 낙동강의 끝자락이
큰 폭으로 가로질러 흐른다. 350만의 메트로폴리스
안에 준산과 하구와 해안이 함께 어우러져 있으니
전 세계에서도 흔치 않은 지형적 특징이다. 산으로
둘러싸여 앞뒤가 막힌 듯하지만 흐름을 따라 조금만
나서면 다시 시야가 탁 트인다. 산허리에 오르면 어느
지점에서든 시원하게 열린 바다를 만날 수 있다.
광활한 경관은 가슴을 트이게 하는 묘한 힘을 지녔다.
힘 있게 솟구쳐 오르는 일조의 역동도 그렇지만,
하루를 밝힌 빛이 서서히 수그러드는 일몰의 여운도
건강한 에너지를 불어넣는다. 하천과 바다가 가진 수평적
정서와 산과 구릉이 가진 수직적 정서는 미묘하게
다르면서도 하나로 잇대어 지형의 결을 만든다.
부산은 이 같은 여러 지형의 결을 모두 가진 복받은
도시다. 그러니 기대어 살고 있는 지형의 결을
의식하고 잘 매만져야 한다.

아미산 전망대
Amisan Observatory

손숙희 | 2011

사하구 다대낙조2길 77(다대동)

아미산 전망대는 낙동강 삼각주의 생생한 모습을 볼 수 있는 곳으로, 철새가 대열을 갖춰 날아오는 장관을 가장 가까이에서 볼 수 있다. 전망대가 건립되기 전부터 깎아지른 산 중턱에 있는 이 장소는 천혜의 탐조지로 알려져 있었다. 그 광경을 가장 잘 볼 수 있도록 건물은 땅에서 비스듬히 솟구쳐 오르는 형태로 만들어졌다. 새가 앉아 있는 모양 같기도 한 전망대의 머리 부분이 바로 실내 전망 공간이다. 2층 전시 공간에서는 삼각주의 형성과 변화 과정, 옛 지역민의 생활과 문화에 대한 지식을 얻을 수 있다. 건물 옥상으로 나 있는 비스듬한 경사로를 따라 끝까지 오르면 하늘과 강과 바다와 산이 어우러진 주변 풍광을 한눈에 볼 수 있다. 은빛으로 일렁이며 흐르는 잔물결, 크고 작은 연안 사주와 갯벌, 멀리 실루엣처럼 겹쳐 보이는 섬과 산, 그 위에 붉게 타는 낙조까지 덧칠된다. 이곳에서만 볼 수 있는 풍광이다.

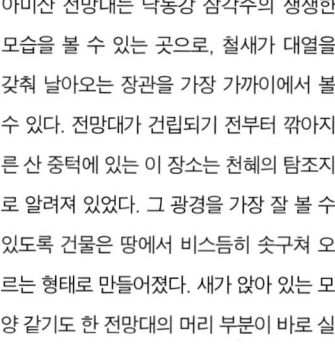

낙동강하구에코센터
Nakdong Estuary Eco Center

야마시타 야스히로, 김남길 | 2007

사하구 낙동남로 1240(하단동)

부산은 세계 여느 광역 도시에도 없는 최대 규모의 철새 도래지를 가지고 있다. 바다와 강이 만나는 곳, 연안사주로 만들어진 땅인 을숙도가 바로 그곳이다. 따뜻하고 먹잇감이 많아 해마다 겨울이면 수만 마리의 철새가 머물렀다 간다. 낙동강하구에코센터는 하구의 자연 생태 관리 업무를 맡고 있으며, 다양한 전시물과 영상을 통해 생태 환경 체험을 할 수 있게 만든 시설이다. 특히 2층 전시 공간의 한쪽 벽면 전체가 유리창으로 되어 있어 철새의 움직임과 갈대밭을 직접 조망할 수 있다. 이 건물은 국제 건축 현상공모에서 당선된 일본 건축가 야마시타 야스히로(山下泰弘)가 설계했다.

낙동강하구 탐방체험장
Nakdong Estuary Experience Center

박해철 | 2012

사하구 낙동남로 1240-10(하단동)

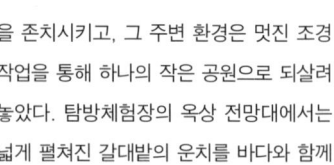

을숙도의 신비를 더 깊숙이 느끼려면 하구의 남단에 있는 탐방체험장을 찾아야 한다. 이곳은 도시에서 발생한 분뇨를 해양 투기하기 위해 모아두던 저류 시설이었다. 해양 투기가 금지된 뒤로 서울 한강의 선유도공원을 참조해 탐방체험장으로 재생했다. 오염된 때의 흔적이 그대로 남은 콘크리트 벽을 존치시키고, 그 주변 환경은 멋진 조경 작업을 통해 하나의 작은 공원으로 되살려 놓았다. 탐방체험장의 옥상 전망대에서는 넓게 펼쳐진 갈대밭의 운치를 바다와 함께 조망할 수 있으며, 1층에서는 소담스럽게 꾸민 에코작은도서관을 이용할 수도 있다.

홍티아트센터
Hongti Art Center

조서영, 이상석 | 2013

사하구 다산로106번길 6(다대동)

홍티는 무지개를 뜻하는 한자 '홍(虹)'에 고개를 뜻하는 순우리말 '티'를 합쳐 만든, 원래 이 지역의 마을 이름이다. 포구였던 이곳은 시의 매립 정책에 따라 바다를 잃어버렸고, 주변은 온통 공단으로 뒤덮였다. 센터 건물 외장재로 채택된 산화철은 시간에 따라 변하는 질감으로 묘하게도 공장 지대의 분위기와도 잘 맞다. 건물이 그리 차가워 보이지 않는 이유는 중정의 초록과 건물 양단부의 알록달록한 목재 마감 때문이다. 1층 전시실은 대형 설치미술이 놓일 만큼 층고가 높아 때때로 지역민의 문화 활동도 진행되는 다목적홀 성격을 띤다. 공동 작업장과 작가들의 레지던시 스튜디오, 작가 교류를 위한 세미나실이나 커뮤니티홀 등을 갖추고 있다. 내부 전체는 흰 벽이지만 계단 옆 벽면은 붉은색, 사무실 앞 전시 벽면은 검은색, 중정 벽면은 초록색으로 칠해 공간을 강조했다. 건물 주변의 소공원은 공공예술 프로젝트 공모를 통해 와이즈건축의 건축가 장영철이 디자인했다. 논두렁 같은 산책길이 있고, 그 사이사이 웅덩이처럼 보이는 빈 영역에 거대한 조각물들이 세워져 있다. 그 중 작가 손주몽의 작품 '공원게이트'는 홍티포구에 정박한 배의 돛을 형상화하고 있다.

길 위에 켜켜이 쌓인
애환이 묻어나다

부산에는 소위 말하는 달동네가 여러 군데 있다.
산이 많다 보니 경사 지형에 뿌리를 내린 집과 마을이
곳곳에 형성되었다. 특히 일제강점기와 6·25 전쟁이라는
아픈 민족적 역사를 통과하는 동안 부산은 노역자 또는
피란민의 임시 거주처가 되었다. 몸을 기댈 수 있는
땅 한 뙈기 확보하고 주변에서 구할 수 있는 재료를
잇고 이어서 허름한 판잣집을 지어 살았다. 겨우겨우
형편이 조금 나아지면 지붕을 뜯어 고치고, 금 간 흙벽을
벽돌로 바꾸어가며 지금껏 살고 있다. 그런데 이렇게
낡아 허름하고 불편한 달동네에 최근 외지인의 발길이
잦다. 한두 명이 겨우 지나갈 만한 좁은 골목길,
삶의 온갖 체취가 퀴퀴하게 묻어나는 동네를 사람들은
왜 찾는 걸까. 10여 년 전만 하더라도 싹 쓸어버려야 할
재개발의 대상이던 이곳을 수많은 국내외 관광객이
흥미진진한 표정으로 둘러본다.

감천문화마을
Gamcheon Culture Village
사하구 감내2로(감천동) 일대

감천문화마을은 몇 해 전만 해도 아무도 찾
지 않던 소외된 달동네였다. 그러나 지난
2009년 국고 지원 환경개선 사업의 일환으
로 동네 곳곳에 벽화와 조각품이 생기고, 폐
가를 활용한 공방이 만들어지면서 외지인들
에게 서서히 알려지기 시작했다. 특히 마을
초입에 있는 지붕에 앉은 사람 얼굴의 새 조
각품, 지역민이 직접 제작한 거대한 물고기
모양의 입체 벽화, 그리고 건너편 마을을 바

라보는 어린 왕자와 사막 여우 조각상 등은
마을의 대표 아이콘이 되었다. '어둠의 집'
'바람의 집' '빛의 집' '평화의 집' 그리고 화
혜장 안해표의 '화혜작업장' 등 특별한 공간
에서도 흥미로운 경험을 할 수 있다. '하늘마
루' 옥상에 올라 도심과 바다, 산과 하늘을
한꺼번에 조망하거나 '감내어울터' 옥상에
올라 건너편 집들의 알록달록한 모습을 내
려다보는 것 역시 빼놓을 수 없는 투어 코스
다. 최근 국내외 저명 건축가 4인 승효상, 프
란시스코 사닌(Francisco Sanin), 조성룡,
김인철이 디자인을 맡은 '레지던시 창작 공
간 조성 프로젝트'의 건축물도 마을의 새로

운 이정표로 자리 잡았다. 승효상은 '독락의 탑'이라는 이름의 사각 고깔 지붕을 가진 목재 오브제 공간을 상징적으로 세웠다. 프란시스코 사닌의 '공공의 방 도시 산책로'는 벽과 박공지붕이 일체화된 흰색 건물로 지역 맥락 위에 새로움을 추구했다. 조성룡의 '별계단 집'은 가벽과 개구부, 그리고 계단 등의 건축 요소를 도입해 산동네 집이 가질 수 있는 매력을 새롭게 정의했다. 김인철의 '색즉시공'은 파란지붕 아래에 내외부 벽 전체를 흰색으로 도색해 절제미가 돋보이는 갤러리를 제안했다.

서구

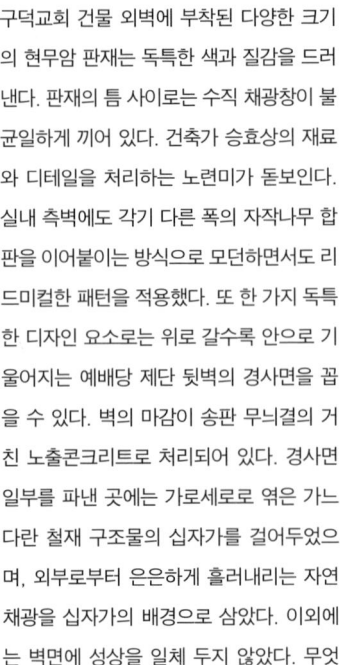

구덕교회

Gudeok Church

승효상 | 2008

서구 대신로 84(서대신동)

구덕교회 건물 외벽에 부착된 다양한 크기의 현무암 판재는 독특한 색과 질감을 드러낸다. 판재의 틈 사이로는 수직 채광창이 불균일하게 끼어 있다. 건축가 승효상의 재료와 디테일을 처리하는 노련미가 돋보인다. 실내 측벽에도 각기 다른 폭의 자작나무 합판을 이어붙이는 방식으로 모던하면서도 리드미컬한 패턴을 적용했다. 또 한 가지 독특한 디자인 요소로는 위로 갈수록 안으로 기울어지는 예배당 제단 뒷벽의 경사면을 꼽을 수 있다. 벽의 마감이 송판 무늬결의 거친 노출콘크리트로 처리되어 있다. 경사면 일부를 파낸 곳에는 가로세로로 엮은 가느다란 철재 구조물의 십자가를 걸어두었으며, 외부로부터 은은하게 흘러내리는 자연 채광을 십자가의 배경으로 삼았다. 이외에는 벽면에 성상을 일체 두지 않았다. 무엇

보다 구덕교회가 보여주는 구성의 차별점은 교육동과 예배당 건물을 둘로 나누어 벌려 1층에 열린 마당을 배치한 점이다. 이 여백의 공간은 성도의 교제 장소이자 동네 아이들이 뛰어놀 수 있는 놀이터다. 다양한 교회 행사에 적극 활용할뿐더러 바자회 등과 같은 지역 사회를 위한 프로그램에도 열린 장이다. 전통 한옥의 마당이 가진 매개 기능 또는 다기능(multi-function)의 지혜가 전수된 공간이라 해도 과언이 아니다.

알로이시오가족센터
Aloysius Family Center

우대성, 조성기, 김형종 | 2014

서구 감천로 229(암남동)

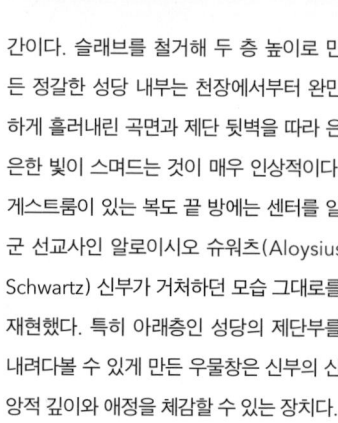

알로이시오가족센터는 마리아수녀회에서 운영하는 복지 시설 가운데 하나다. 분가해 타지로 떠나간 이곳 출신자가 다시 방문했을 때 편히 쉬다 갈 수 있는 공간으로 만들었다. 일종의 '친정집'인 셈이다. 오퍼스건축사사무소와 모노솜디자인의 우대성, 조성기, 김형종의 설계로 건물 내외부를 리모델링해 대대적인 변신을 이루었다. 입구 마당의 시멘트 바닥을 걷어내고 꾸민 텃밭이나, 벽돌을 덧입은 세련된 건물 외부에서 따뜻함이 전해진다. 1층 홀에는 아늑한 집 모양의 구조물에 의자와 테이블이 마련된 작은 카페가 있다. 2층에는 하룻밤 묵을 수 있도록 화장실 딸린 게스트룸을 여럿 만들어놓았다. 한식으로 꾸민 방이 있는가 하면, 어릴 적 사용하던 침대를 일부러 갖다 놓아 추억 여행을 할 수 있게 꾸민 방도 있다. 바뀐 공간 가운데 압권은 미사를 드리는 예배 공간이다. 슬래브를 철거해 두 층 높이로 만든 정갈한 성당 내부는 천장에서부터 완만하게 흘러내린 곡면과 제단 뒷벽을 따라 은은한 빛이 스며드는 것이 매우 인상적이다. 게스트룸이 있는 복도 끝 방에는 센터를 일군 선교사인 알로이시오 슈워츠(Aloysius Schwartz) 신부가 거처하던 모습 그대로를 재현했다. 특히 아래층인 성당의 제단부를 내려다볼 수 있게 만든 우물창은 신부의 신앙적 깊이와 애정을 체감할 수 있는 장치다.

임시수도기념관
Provision Capital Memorial Hall

건축가 미상 | 1926

서구 임시수도기념로 45(부민동)

임시수도기념관은 서양의 르네상스풍과 일본의 전통 양식이 혼용된 화풍 절충형 건축물로, 1926년 경남도지사 관사로 지어졌다. 일제강점기에는 경남 도민을 통제하고 착취하는 통치 행정의 거점이었던 이 건물이, 역설적이게도 한국 전쟁 당시에는 3년 동안 이승만 대통령의 관저로 활용되면서 민족의 고난을 겪어낸 곳이기도 하다. 임시수도의 역할을 수행했던 역사적 사실과 유물을 전시하기 위해 1984년 6월 25일에 임시수도기념관으로 지정되었다. 2000년에 대통령 관저의 모습을 재현하는 건물 복원 공사를 진행하고, 2002년에 전시 시설 내부 공사를 거치면서 새롭게 단장했다. 1층에는 이승만 대통령의 응접실과 서재, 2개의 비서 사무실이 있고, 2층에는 대통령 집무실과 마루방이 있다. 1층 응접실의 테이블과 벽난로 구성은 이국적 분위기를 자아낸다. 서재와 나머지 방은 작은 전시 공간으로 꾸며 대통령의 생활용품을 중심으로 소장품을 전시한다.

부산광복기념관
The Busan Independence Hall

정연근 | 1999

서구 망양로193번길 167(동대신동)

건축가 정연근이 설계한 부산광복기념관은 지역 독립투사들의 애국정신을 기리는 기념 전시관이다. 산 능선임에도 건물을 땅에서 띄워 올리고 'ㅁ'자 선형 튜브 형태를 취하고 있어 건물 외형 자체가 기념비적 조형성을 띤다. 건물에 둘러싸인 마당은 막힌 듯 틔어 있어 일정한 긴장감이 감돈다. 필로티 기둥 너머 시가지를 내려다보는 장쾌한 조망은 방문객으로 하여금 깊은 상념에 젖게 한다. 지하 1층에는 120석 규모의 홍보관이 있고, 1층에는 사무실과 안내실이 있으며, 2층에는 광복과 관련된 부산의 역사를 주제별로 전시하고 있다. 2007년에 순국선열과 애국지사의 업적을 기리는 위패 봉안소가 마련되었다.

송도주택
Songdo House (Alley's Adventures in Wonder House, AAWH)
이기철 | 2015

서구 송도해변로 143-1(암남동)

부산 송도 바다를 마주한 땅에 제법 규모가 크고 독특한 형태의 집이 들어섰다. 건축가 이기철은 대지의 특수성을 집의 형태에 적극 반영했다. 대지 후면에 연접한 둔덕의 지형을 끌어오는 동시에 바다가 보이는 좁은 입구 쪽으로 건물 덩어리가 뻗어나간다. 그러다 보니 굴곡진 긴 형태로 보통의 집과는 조금 다른 모양의 집이 만들어졌다. 특히 이 집의 파격적인 구성은 바다를 마주한 앞쪽의 전 층을 비즈니스를 겸한 접대 공간으로 내어준 것이다. 집 안으로 사회적 공간이 과감히 관입해 들어온 셈이다. 사적인 주거 영역과 분리하기 위해 1층 주차장에서 바로 연결되는 엘리베이터를 집 가운데 배치했고, 회랑 형식의 갤러리를 지나 파티룸에 갈 수 있게 했다. 한편 주거 영역은 거실 전면으로 넓은 잔디마당을, 식당 배면으로 후정과 풀장을 배치한 전형적인 구성이다. 다만 거실 상부에 돌출해 튀어나온 작은방이나 굴곡진

벽을 따라 오르내리는 계단실의 연계로 공간에 어느 정도 밀도가 느껴진다. 특히 검은 철재 난간과 와이어 사이에 매달린 목재 계단은 수직 이동의 긴장을 더한다. 길게 한 동으로 이루어진 건물 형태 특성상 그 내부를 잇는 동선에는 당연히 선적 연결 장치가 많아질 수밖에 없다. 실내외를 수직 또는 수평으로 연결하는 곳곳마다 계단이 있고, 복도가 있고, 연결 다리가 있다. 이 연결 장치들은 동선 처리의 기능만을 위한 것이 아니다. 도시의 좁은 골목길에서 느끼는 묘한 안정감 같은 기운도 고려한 것으로 보인다.

초장성당
Chojang Catholic Church
알빈 슈미트 | 1963

서구 아미초장로 14(초장동)

알빈 슈미트 신부가 설계한 초장성당은 소박하고 모던한 외관을 갖고 있다. 정면의 중앙부는 출입문과 격자 모양의 창이 수직으로 연속되게 놓여 있고, 양옆 좌우대칭으로 창 없이 높게 세워진 흰 벽은 성경책을 펼쳐 놓은 듯하다. 본당으로 가는 계단실의 창은 푸른색과 황토색 계열의 격자 문양 스테인드글라스로 되어 있어 천상 세계와 지상 세계를 연상케 한다. 소박한 건물 외관과 스테인드글라스의 오묘한 빛으로 가득한 내부 공간의 대비는 극적 반전의 효과가 있다. 본당 내부에는 수직으로 길게 형성된 스테인드글라스가 있는데, 공간 전체를 성스러운 빛으로 가득 채운다. 직사각형 홀은 앞으로 갈수록 점점 폭이 좁아지며 제대 부분에서 곡선으로 수렴되는 원추형의 공간 형식을 취하고 있다. 신자들의 시선이 모아지는 제대 뒤의 벽면에는 황토빛 바탕 위에 기하학적 패턴이 흰색으로 덧칠되어 있고, 정중앙에 십자가상이 걸려 있다.

수국마을

Suguk Village

우대성, 조성기, 김형종 | 2013

서구 천해남로 7(암남동)

수국마을은 마리아수녀회에서 운영하는 청소년 단독 주택형 생활관의 이름이다. 여덟 동으로 나뉜 집 앞에 각기 다른 과실수를 심어놓았다고 해서 수국(樹國), 즉 '나무 나라'라 명명했다. 붉은 벽돌 외장재와 박공지붕, 집 앞에 심은 나무 한 그루와 그에 어울리는 색의 출입문을 보면 영락없이 아담하게 잘 조성된 마을이다. 동과 동 사이 넓은 길과 마당에서 아이들이 둘씩 셋씩 모여 놀고, 수다 떨고, 산책도 한다. 아이들이 가장 즐겨 모이는 마을 중앙의 데크 공간은 날렵한 목재 지붕으로 마치 한옥의 사랑방 같은 분위기다. 집 내부는 더욱 흥미롭게 디자인되어 있다. 원래 땅이 가진 경사도를 활용해 한 공간에 높이를 달리한 바닥이 수직으로

나뉘어 있다. 일명 스킵 플로어(skip floor) 형식이다. 현관에서 한발 들어서면 부엌이 나오고 거기서 4-5단을 오르면 큰방이 있고, 반 층을 내려가면 박공천장 아래 높은 층고를 가진 거실이 있다. 거실에서 다시 반 층 내려가면 중간 다락방이 나오고, 다시 반 층 아래에는 2-4명이 한 조로 생활하는 각방이 나오는 구조다. 다락방에서 맨 아래 개별 방까지 수직으로 뻥 뚫려 있어 소통에 어려움이 없다. 집과 집 사이에 비밀의 책장을 밀면 옆집과 바로 연결되는 재미있는 디자인도 숨겨져 있다.

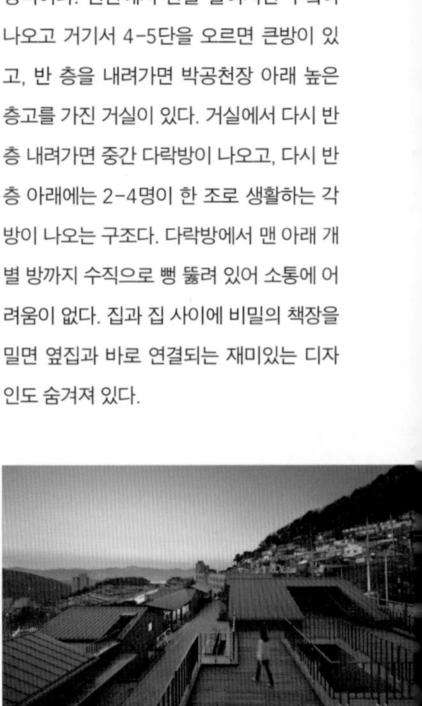

동아대학교 박물관
Dong-a University Museum

건축가 미상 | 1925

김기수 | 2007(리모델링)

서구 구덕로 225(부민동)

일제강점기 당시 부산과 경남 지역을 통괄할 목적으로 부민동에 경남도청사가 지어졌다. 1925년에 건립되었으니 건물 연수는 90년을 훌쩍 넘어선다. 한국 전쟁이 발발하고 정부가 부산으로 이전하자 이 건물은 임시수도정부청사로 사용되었다. 한국 근대 역사의 영욕을 함께한 것이다. 이후 경남도청사, 부산지방법원 및 검찰청으로 활용되다 동아대학교에서 건물을 포함한 일대를 캠퍼스 대지로 매입하면서 박물관으로 변신했다. 건물은 전면에서 보면 가로로 펼친 '一'자형으로 보이나, 뒤로 날개 부분이 꺾여 있어 실제로는 'ㄷ'자형이다. 붉은 조적 벽과 창의 반복 패턴, 경사지붕의 돌출 아치창 등에서 르네상스풍의 고전적 이미지를 느낄 수 있다. 특히 중앙부 돌출 현관 포치(porch)와 화강석으로 마감한 3층부의 위엄 있는 형태는 좌우대칭의 중심을 잡아주고

있다. 다중 이용 시설인 박물관으로 리모델링할 때 내부에 철골 기둥을 추가 설치함으로써 새롭게 대체된 지붕재의 하중이나 기존 조적식 외벽의 하중을 견디도록 보강했다. 3

동아대학교 석당기념관
Seokdang Memorial Hall at Dong-a University

이종수 | 1957

서구 망양로111번길 65(동대신동)

동아대학교 설립자 정재환의 호를 따서 붙인 석당기념관은 원래 도서관이었다. 2009년부터 기념관으로 기능을 전환하면서 지금은 동아학숙의 본부와 설립자기념실, 교사자료실, 고서도서관인 석당함진재 등으

로 재편되었다. 잔다듬 처리된 석재 외관은 중후하고 단정해 르네상스 건축의 품위를 풍긴다. 출입구의 고대 기둥 양식과 포티코(portico), 건물 전체의 안정된 비례와 좌우대칭, 층별 수평 몰딩과 창의 상인방 등에서 나타나는 수법에 고전미가 묻어난다. 한 가지 흥미로운 점은 철근콘크리트 구조 공사와 외부 석재, 내부 벽돌 마감 공사를 일체화한 시공법이다. 장인의 수준 높은 작업 방식과 수공예적 정성이 담긴 건축물이 근대의 원형을 간직한 채 잘 보존되어 있다.

만 점 이상의 유물을 소장한 이곳의 전시실
은 2층에는 고고실, 도자실, 와전실, 불교미
술실, 서화실, 민속실 등이 있으며, 3층에는
임시정부청사기록실이 있다. 건물이 가진

역사성을 느낄 수 있도록 여기저기 깨져 있
던 기둥과 벽체의 옛 흔적을 남겨두었고, 사
라졌다는 지붕의 원통형 굴뚝도 복원해 재
설치했다.

중구

JUNG-GU

대한성공회
부산주교좌성당

Busan Anglican Cathedral Church

건축가 미상 | 1924

중구 대청로 99번길 5-1(대청동)

1924년에 지어진 대한성공회 부산주교좌성당은 부산에서 보기 드물게 전형적인 로마네스크 양식을 취하고 있다. 외부로 돌출된 버트레스(buttress)와 볼트 구조, 반구(半球)로 된 앱스(apse) 형태의 제단부 등에서 로마네스크 흔적을 찾을 수 있다. 평면 구성은 장방형 성도석을 가진 1랑식이지만 1964년에 들어 증축하는 과정에서 측랑(aisle)이 덧붙여져 변형된 2랑식으로 변했다. 제단 상부 아치에 두른 화강석 장식이나 제단 안쪽 앱스 천장의 석조 리브가 독특하다. 특히 목조로 지어진 종탑이 지금도 견고함을 잃지 않아 역사적으로 가치가 높다.

옛 한성은행

Former Hansung Bank

건축가 미상 | 1920년대

중구 백산길 13(동광동)

옛 한성은행은 100여 년의 세월을 이겨낸 부산의 몇 남지 않은 근대 건축물이다. 건물이 있는 용두산공원 바로 아래 동광동과 중앙동 구역은 개항 이후 일본의 은행이 밀집되어 있던 금융가였다. 3층으로 된 건물의 외벽은 붉은 벽돌로 마감되어 있으며, 비례를 고려한 창이 일정한 간격으로 배치되어 있다. 층별로 돌출된 흰 띠가 독특하며, 건물의 모서리는 길을 따라 유려하게 휘어져 있다. 경사 지형을 활용한 1층은 층고가 높아 부분적으로는 7미터에 이르는데, 이후 문화 시설 등으로 공간재생을 시도할 때 활용도가 상당히 높은 공간이 될 듯하다.

비욘드가라지

Beyond Garage

건축가 미상

송해영, 서장현, 김석관 | 2013(리모델링)

중구 대교로 135(중앙동)

비욘드가라지는 방치되어 있던 근대식 대교 창고를 리모델링해 복합 문화 공간으로 변용한 사례다. 70년 된 낡은 창고의 뼈대를 그대로 존치하고, 계단, 화장실, 주방 등은 추가하고, 개구부와 마감재 일부를 교체했다. 붉은 벽돌과 회색 시멘트의 질감은 오랜 시간만큼의 깊이를 드러내며, 넓고 높은 층고에서는 어떠한 것을 가져다 놓아도 포

용할 넉넉함이 묻어난다. 여기에서 그동안 브랜드 론칭, 팝업 스토어, 연극 시사회, 인디 문화 공연, 웨딩 화보 촬영 등 다양한 행사가 진행되었다. 거친 바닥과 벽면은 하드록 음악 소리에도 잘 공명하고, 화려한 조명이나 꽃 장식, 패브릭에도 배경 역할을 잘 수행한다. 2층은 다소 거칠어 보이는 마감과 공간 구성이지만 프리스타일 펍이나 연회 공간으로 활용된다. 3층은 길 건너 정박된 여객선과 먼 바다까지 한눈에 바라볼 수 있는 드라마틱한 공간이다. 이 낡고 오랜 것에서 아름다움을 포착한 이는 유명한 편집숍 고사우스(Go South)를 경영하는 서장현과 김석관이다. 문화 사업을 하기 위한 사무실을 찾다 고색창연한 이 건물의 매력에 빠져 공간을 꾸미게 되었다고 한다.

이노북카페

Inno Bookcafe

이양걸 | 2013

중구 중앙대로 77(중앙동)

중앙동 대로변에 잇대어 있는 빌딩 사이, 작지만 디자인 내공이 옹골찬 북카페 건물이 있다. 인테리어 디자인 사무실 사옥이기도 한 이 건물은 파사드부터 남다르다. 색을 입히지 않은 노출콘크리트 마감은 순수하고 담백한 질감을 그대로 드러낸다. 아래로부터 훑어보면 계단, 난간, 철재 걸쇠, 큰 목문, 철골을 이용한 간판과 메탈 패브릭의 더블 스킨(double skin)까지 정갈하다. 게다가 두 층에 걸친 수직 창은 'INNO' 글자를 형상화해 재미를 주었다. 1층은 커피 감별사 큐그레이더(q-grader)가 직접 로스팅하는 핸드드립 커피 전문점이고, 2층은 디자인, 건축, 인테리어 서적이 도합 5,000여 권 비치되어 있는 사설 도서관이다. 천장에 매달린 철재 책장, 창가의 바 테이블, 수제 의자들, 그리고 어디서도 보지 못한 유리 조명등마저 눈길을 뺏는다. 모든 가구와 조명을 정제된 라인으로만 구성한 3층 인테리어 사무실은 전문가 집단의 이미지를 풍긴다. 4층 라운지는 미팅, 휴식, 회의, 운동, 흡연 등 다목적으로 사용되는데, 전면에 전혀 예상치 못한 초록의 옥상정원도 꾸며져 있다.

부산근대역사관
Busan Modern History Museum

건축가 미상 | 1905

중구 대청로 104(대청동)

지금의 부산근대역사관은 아이러니하게도 일제강점기에 일본이 경제 수탈을 위해 만든 동양척식주식회사 건물이었다. 선진 농법을 전하고 국토를 효율적으로 이용해 더욱 잘살게 해주겠다는 허울 좋은 명분 아래 설립된 회사였으나, 사실은 조선의 토지와 노동력을 착취하는 것이 목적이었다. 일제 패망 이후 이 건물은 미국이 차지해 미군 장교의 숙소로 쓰이다 1947년 7월 미국문화원으로 전용되었다. 한국 전쟁 동안에는 미국대사관으로 잠시 사용되기도 했으며, 1984년에는 미국영사관이 들어서면서 부산아메리칸센터라 불렸다. 1999년 한국 정부에 완전히 반환되기까지 50여 년의 세월 동안 미국이 점용해온 것이다. 이 때문에 1980년대 이후 줄곧 반미운동의 표적이 되었다. 민족사를 고스란히 간직한 이 건물은

코모도호텔
Comodore Hotel Busan

조지 프루 | 1979

중구 중구로 151(영주동)

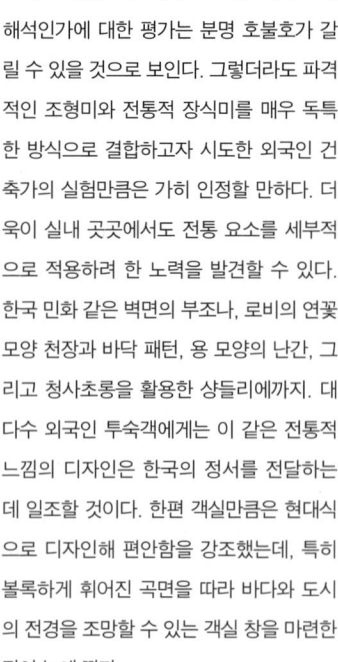

1979년 개관한 코모도호텔은 지하 3층, 지상 15층, 314개 객실을 가진 대규모 건물이다. 경사진 언덕에 위치해 건립 당시에는 지금보다 더 도드라져 보였을 것이다. 특히 동양적 색채가 뚜렷하게 표현된 건물 외형의 독특한 디자인은 강렬한 첫인상을 전달한다. 설계를 맡은 호주 태생의 건축가 조지 프루(George Frew)는 조선 시대의 왕궁을 재현하는 것이 디자인의 핵심이었다고 했다. 저층부의 기둥이나 처마, 공포 등에서 장식적 유사성을 발견할 수 있고, 지붕에서도 한국 전통의 조형성을 고려했음을 느낄 수 있다. 그러나 고층일 뿐 아니라 곡면으로

휘어진 외형을 볼 때, 한국 전통 건축의 재해석인가에 대한 평가는 분명 호불호가 갈릴 수 있을 것으로 보인다. 그렇더라도 파격적인 조형미와 전통적 장식미를 매우 독특한 방식으로 결합하고자 시도한 외국인 건축가의 실험만큼은 가히 인정할 만하다. 더욱이 실내 곳곳에서도 전통 요소를 세부적으로 적용하려 한 노력을 발견할 수 있다. 한국 민화 같은 벽면의 부조나, 로비의 연꽃 모양 천장과 바닥 패턴, 용 모양의 난간, 그리고 청사초롱을 활용한 샹들리에까지. 대다수 외국인 투숙객에게는 이 같은 전통적 느낌의 디자인은 한국의 정서를 전달하는 데 일조할 것이다. 한편 객실만큼은 현대식으로 디자인해 편안함을 강조했는데, 특히 볼록하게 휘어진 곡면을 따라 바다와 도시의 전경을 조망할 수 있는 객실 창을 마련한 점이 눈에 띈다.

2003년 부산근대역사관이라는 새로운 이름을 갖게 되었다. 아픈 역사의 잔재이므로 허물어버리자는 주장도 있었으나 다행히 역사관으로 거듭나 역사 현장의 교육장으로 활용되고 있다. 건물 외형은 장식이 거의 배제된 근대 합리주의 양식을 취하고 있다. 모서리 부분을 곡면으로 부드럽게 처리했을 뿐 형태는 직사각형 대지를 그대로 따르고 있다.

대청동 협소주택 5×17
Daecheong-dong Small House

윤재민 | 2014

중구 대청로 98(대청동)

오래된 건물로 빼곡한 부산 원도심의 작은 땅에 세련되고 효능성이 뛰어난 협소주택이 들어섰다. 건축가 윤재민이 설계한 대청동 협소주택 5×17의 1층에는 가게, 2층에는 간단한 파티를 할 수 있는 커뮤니티홀이 있으며, 나머지 3–5층에는 주거 공간이 있다. 5미터밖에 안 되는 전면부와 안쪽으로 12미터 들어간 직사각형의 좁은 대지 조건을 역으로 이용해 마치 도시의 골목길과 같은 계단을 수직으로 연결했다. 노출콘크리트 건물의 파사드는 수직 수평 프레임이 가진 비례가 매우 뛰어나다. 또한 거실이 있는 4층과 5층을 수직으로 뚫어 복층 구조로 만들고, 전면에 유리창을 둠으로써 외부 발코니의 장쾌함을 강조했다. 집 안의 움직임이 과도하게 노출되는 것을 막기 위해 계단실과 커뮤니티홀을 반투명 유리로 마감했다.

부산기상관측소
Busan Provincial Meteorological Administration

건축가 미상 | 1934

중구 복병산길32번길 5-11(대청동)

1934년에 건립된 부산기상관측소는 80여 년이 지난 지금도 원형이 거의 온전하게 보존되어 있다. 전체 외형은 항도 부산을 상징하는 선박 모양을 띠고 있으며, 수직으로 우뚝 솟은 모퉁이는 마치 선장실처럼 보인다. 모퉁이를 곡면으로 처리하거나 수평성을 강조하기 위해 흰색 띠를 두르는 등의 조소적 특징은 근대 초기에 유행했던 표현주의 건축의 영향으로 해석할 수 있다. 잠수함 전망탑처럼 솟은 에리히 멘델존(Erich Mendelsohn)의 '아인슈타인 타워(Einstein Tower)'가 연상되기도 한다. 노란색 바탕에 흰색 띠를 연속으로 사용한 색상 배합도 강렬한 인상을 북돋는다. 또한 아

치형 창, 곡선 처리된 계단 난간, 수직의 목재 여닫이창 등에서 간결하면서도 강인한 디자인의 힘을 느낄 수 있다. 최근까지 기상 관측 업무를 담당하고 있었기에 실내 보존 상태가 대체로 양호한 편이다. 고도 70미터의 고지대이기 때문에 건물 마당에 서면 전면으로 부산 앞바다와 용두산타워가 눈앞에 펼쳐져 장관을 이룬다.

교보생명 부산중앙FP점
Kyobo Life Insurance

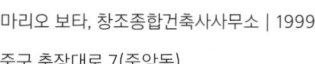

마리오 보타, 창조종합건축사사무소 | 1999
중구 충장대로 7(중앙동)

교보생명 부산중앙FP점은 기하학적 조형미와 조적식 벽돌벽 구축으로 유명한 세계적 건축 거장 마리오 보타(Mario Botta)가 설계했다. 곡면으로 약간 휘어진 빌딩의 파사드 가운데를 안으로 파 넣어 중앙축이 강조된 좌우대칭의 독특한 형태가 만들어졌다. 게다가 구멍이 2개 뚫린 듯한 최상층의 창과 만나 마치 로봇 같은 조금은 우스꽝스러운 이미지로 보이기도 한다. 주변 도시적 맥락과 복잡한 교통 흐름 가운데 생경한 모습으로 우뚝 선 건물은 획일화된 박스형 빌딩을 탈피한 다름의 면모를 과시한다.

영도구

YEONGDO-GU

박물관은 도시의 깊이와
풍성함을 담는다

도시는 땅의 표피 위에 단순히 얹혀 있는 것이 아니다.
영욕의 역사와 인간의 고뇌, 삶의 양식, 문화의 흥망 등을
저면에 깊숙이 깔고 세워진다. 하나의 지층 위에
또 하나의 지층이 덮고, 그 지층 두께만큼의 역사가
쌓이고 쌓여 오늘을 이룬다. 박물관은 그런 도시의
속살을 만나게 한다. 오래된 유물에서 선조의 기상과
문화에 대한 열정을 읽을 수 있다. 땅을 일구고 바다에
대응하며 사는 삶의 지혜를 배우며, 환경에 순응하고
개척하는 기술을 엿볼 수 있다. 그렇기에 박물관은 오늘의
현상과 미래의 전망까지도 보여준다. 전시물을 머나먼
과거 어딘가에 묻혀 있던 박제된 대상으로 대하지 않고
사색과 상상력을 동원해 깊이 들여다본다면, 그것은
시간을 역으로 뚫고 일어나 새로운 표상으로 우리에게
다가온다. 박물관은 깊이와 풍성함을 동시에 담고 있는
'도시의 보고(寶庫)'다.

국립해양박물관
Korea National Maritime Museum

정림건축종합건축사사무소 | 2012

영도구 해양로 301번길 45(동삼동)

거대한 역삼각형 외관의 국립해양박물관은 출항 전 정박 중인 대형 선박처럼 보인다. 3차원의 유려한 곡면으로 된 외피의 절반은 곡률이 각기 다른 비정형 은빛 패널을 이어 붙였고, 나머지 외피는 투명 유리를 부착했다. 박물관 전시실은 상설전시용 8개, 기획전시용 1개로 나뉘어 있다. 해양의 문화, 역사, 생물, 산업, 영토, 과학 인물, 항해 선박 등 해양에 관련된 정보를 종합적으로 전시하고 있다. 기획전시 공간이나 어린이박물관, 4D영상관은 관람객의 흥미를 더욱 높이며, 다양한 심해 어종이 유영하고 있는 수족관 터널은 남녀노소 할 것 없이 모두에게 즐거운 체험을 제공한다. 또한 실제 크기의 절반으로 복원한 조선통신사선(船)이나 덴마크, 이탈리아에서 수입한 바이킹과 곤돌라 같은 각종 모양의 배들도 인상적이다. 박물관이 소유한 최고의 전시품은 오히려 '바다' 그 자체다. 건물 내외부 어디에서든 부산 앞바다를 내다볼 수 있다. 4층 카페테리아나 옥상 전망대에서 보는 바다도 일품이지만, 1층 도서관의 창을 가득 채운 바다는 더욱 깊고 넓게 느껴진다. 박물관 앞뒤의 너른 광장은 해양 관련 축제가 열릴 때 해양 문화 테마파크로 변신해 활용되고 있다.

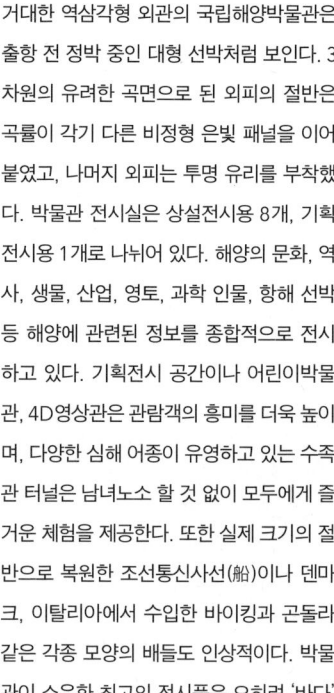

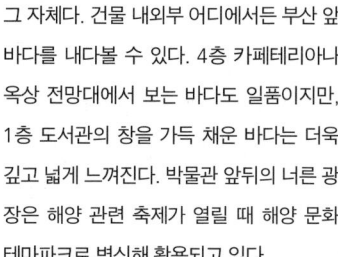

해돋이마을 전망대
Haedoji Village Observatory
유상훈 | 2015

영도구 해돋이3길 410-1(청학동)

부산에는 경사지에 조성된 마을이 워낙 많아 미로 같은 골목에 다닥다닥 붙은 집들의 특성을 활용한 벽화마을도 여럿 있다. 그중 해돋이마을은 벽화가 여덟 구간으로 주제화되어 꾸며져 있다. 특히 경사진 골목에서 뒤돌아보이는 바다와 도심지의 파노라마 조망이 탁월해 방문객이 늘어나고 있다. 마을에서 가장 높은 봉래산 둘레길과 만나는 지점에 전망대가 있다. 1층을 필로티로 지면에서 들어올리고, 2층과 3층 실내에는 전망 효과를 극대화하기 위해 큰 창을 두었으며, 옥상 전망대에도 입체적인 전망 프레임을 설치했다. 흰색 건물 덩어리에 사선 형태의 계단이 덧붙여져 마치 하나의 거대한 조형물처럼 보인다. 이곳 전망대에서 오륙도 너머 해돋이를 가장 먼저 조망할 수 있다.

삼진어묵체험역사관
Samjin Fish Cake Museum
건축가 미상

김호원 | 2013(리모델링)

영도구 태종로 99번길 36(봉래동)

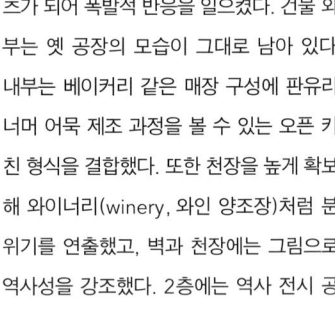

삼진어묵은 60년 역사의 어묵 공장을 리모델링해 신개념 전시체험관 겸 매장을 선보였다. 전통과 신제품의 참신한 기획이 콘텐츠가 되어 폭발적 반응을 일으켰다. 건물 외부는 옛 공장의 모습이 그대로 남아 있다. 내부는 베이커리 같은 매장 구성에 판유리 너머 어묵 제조 과정을 볼 수 있는 오픈 키친 형식을 결합했다. 또한 천장을 높게 확보해 와이너리(winery, 와인 양조장)처럼 분위기를 연출했고, 벽과 천장에는 그림으로 역사성을 강조했다. 2층에는 역사 전시 공간과 어묵 체험장이 있다.

태종대성당
Taejong Catholic Church
강수남 | 2003
영도구 동삼서로 26(동삼동)

건축가 강수남이 설계한 태종대성당은 박공
지붕과 황토색 벽돌 외벽 마감이 인상적이
다. 경사가 45도는 더 되어 보이는 지붕은
수직성을 강조하는 전통적인 교회 건축을
현대적으로 재해석한 것이다. 장미창(rose
window)이 들어가야 할 자리는 다이아몬
드 모양의 스테인드글라스가 대신하고, 종
이 없는 수직 종탑이 종교적 상징을 표현한
다. 몇몇 상징적인 건축 수법이 적용되어 있
음에도 내외벽 대부분을 감싸고 있는 벽돌
의 색감과 질감은 성당을 매우 친근하게 만
든다. 특히 측창의 스테인드글라스를 통해
스며든 성스러운 빛이 벽돌벽의 질감과 만
나 공간의 깊이를 더한다. 한편 삼각으로 솟
은 천장은 흰색 격자의 구조적 장치를 솔직
하게 드러냈고, 제단부의 천장은 볼트 형태
를 강조함으로써 주목성을 더욱 높였다.

동구

DONG-GU

뭉개진 시간의 결은
되살릴 수 없다

모든 가치 기준을 '새로움'에서만 찾았던 개발의 시대에
소소한 개별성 따위는 적당히 무시되었다. 낡고 오래된
것은 하루 바삐 지워내야 하는 것으로 여겼다. 강제
제거가 자행되는 동안 잃어서는 안 되는 숱한 결들이
뭉개졌다. 홍수가 남긴 상흔처럼 할퀴어 떠내려간
자리에서는 더 이상 아무 흔적도 찾을 수가 없다.
그나마 다행인 것은 이제 우리 사회도 '재개발'이 아닌
'재생'을 시대적 화두로 맞아들이고 있다는 것이다.
지키지 못한 지난 시간을 후회하며 어렵사리 남은 것에
가치를 부여하고 다시금 생명력을 불어넣으려 하고
있다. 옛 백제병원을 거금에 인수한 이는 시간의 켜가
깃든 부산의 건축물이 하나둘 사라지는 것을 안타까워한
개인이었다. 그도 그럴 것이 옛 백제병원 옆에 붙어 있던
근대 유물인 남선창고도 허망하게 철거된 바 있다.
최근 옛 백제병원은 1층 홀 전체가 카페로
리모델링되었다. 재생의 멋을 아는 이의 손길로
업사이클링되어 음산했던 공간이 이제는 매우 친근한
공간으로 변모했다.

옛 백제병원
Former Beakje Hospital

건축가 미상 | 1927
동구 중앙대로209번길 16(초량동)

부산 최초의 근대식 개인 종합병원인 백제 병원은 몇 남지 않은 부산 근대 건축의 문화 유산이다. 특히 하부 화강석과 상부 붉은 벽돌로 마감된 외벽은 근대식 건물의 특징을 고스란히 간직하고 있다. 1972년 화재로 5층은 소실되었고, 3층과 4층은 일부 개조해 사용되고 있으나, 1–2층은 다행히 화마를 피해 건립 당시의 구조와 재료가 그대로 남아 있다. 병원 경영이 어려워지면서 이 건물은 중국 음식점 '봉래각'으로 바뀌어 또다시 호황을 누렸다. 이후에도 굴곡진 역사의 흐름 속에서 일본군 장교숙소, 치안사무소, 중화민국 임시대사관 등으로 우여곡절이 많은 시절을 지내왔다. 현대에 들어서도 예식장, 임대 사무소, 롤러스케이트장, 종교 시설 등으로 무수히 용도 변용되었고, 그때마다 내부 공간에는 부분적으로 변형과 훼손이 뒤따랐다. 애초에 병실로 조성된 것으로 보이는 2층에는 방마다 문과 창을 뚫었다 막으며 고친 자국이 곳곳에서 발견된다. 또한 삐거덕 소리를 내는 계단과 좁고 긴 오르내림 창은 시간을 빗겨 옛것을 낯설게 보여준다. 말간 속살을 드러내놓은 벽면에는 숱한 혼과 백이 깊이 서려 있는 것 같다. 최근 1층 전체가 카페로 리모델링되었다. 재생을 통한 업사이클링 디자인으로 음산했던 공간이 매우 친근한 공간으로 변모했다. 다만 삐걱거리던 목재 창과 문의 일부가 교체되어 사라진 것은 아쉬운 대목이다.

서측 대지에 기존 주택과 마주하며 2층 목조 가옥으로 증축되었고, 1954년 1층 일식 가옥의 일부를 철거하고 2층 양옥으로 증축되었다. 목구조의 집과 RC(reinforced concrete) 구조의 집이 서로 연결되어 있어, 외형도 그렇지만 실내 공간의 구성도 매우 독특하다. 목조 건물은 맞배지붕인 반면 양옥 건물은 평슬래브다. 기둥과 초석, 서까래 등에서 일식 가옥의 특징을 엿볼 수 있으며, 외부 창호 및 벽면 장식에서도 섬세함을 발견할 수 있다. 출입구 전면과 건물의 남서 측면에 있는 정원도 조성 수법이나 수종의 형태가 일식 주거의 모습을 잘 보여주고 있다. 좁은 복도나 툇마루를 사이에 두고 방에서 방으로 이어지는 형식은 전형적인 일본식 공간 구성이다. 유일하게 목재로 바닥을 처리한 응접실 또한 일식과 양식이 혼합된 근대 일식 주택에서 나타나는 특징이다. 계단을 통해 2층으로 올라가도 두 방 사이에 후스마(ふすま)를 둔 일식 공간의 전형을 만날 수 있다. 나무 문틀과 창살, 종이와 장식 유리를 붙인 문의 디테일이 뛰어나고, 문 상단의 장식 또한 원형 그대로를 잘 간직하고 있다.

일맥문화재단
Ilmac Cultural Foundation

건축가 미상 | 1925
동구 고관로13번나길 22(초량동)

'다나카주택'으로도 알려진 초량동 일식 가옥을 지금은 일맥문화재단이 재단 사무국으로 사용하고 있다. 이 건물은 1925년 당시 토목업에 종사했던 다나카 히데요시(田中筆吉)가 단층 목조로 건립했다. 이후 1931년 북

이바구길

Ibagu-gil

동구 범일동 일대

산복도로는 부산의 주요 간선도로 가운데 하나로, 산허리를 따라 구불구불하게 이어 달리는 2차선 도로다. 옹기종기 산에 붙어 형성된 경사지 마을의 주민을 위해서는 필수적인 도로라 할 수 있다. 부산을 찾은 관광객에게는 경사지가 많은 부산의 지형적 특성을 단박에 느낄 수 있게 하는 길이기도 하다. 그중에서도 가장 좋은 조망을 자랑하는 곳이 수정동에서 초량동을 거쳐 영주동까지 이르는 구간이다. 이 길 어디에서든 북항과 부산항대교, 그리고 먼 바다의 파노라마 조망이 펼쳐진다. '산복도로 르네상스' 프로젝트는 이 지역에 대한 도시재생 프로그램인데, 도시 인프라의 재구축은 물론, 곳곳에 흩어진 역사와 문화적 인자를 발굴해 스토리텔링이 있는 공간을 개발하고 있다. 그중 하나의 투어 코스로 정착된 곳이 바로 이바구길이다. '이바구'는 '이야기'의 경상도 사투리다. 옛 백제병원에서 시작해 부산 최초의 창고 시설인 '남선창고' 담벼락, 지역 출신 유명인을 소개하는 '담장 갤러리'를 거쳐, 경사각이 심한 '168계단'으로 이어진다. 또한 시야가 탁 트여 북항 전체를 구경할 수 있는 '김민부전망대'에서 잠깐 쉬었다 동네의 허름한 분위기를 그대로 살려 만든 '6·25막걸리집'과 '168도시락·국집', 게스트하우스 '이바구충전소'를 들른 뒤, 경사로를 따라 계속 오르면 평생 가난한 이들을 위해 인술을 펼쳤던 장기려 박사의 기념관 '더나눔센터'를 만난다. 또 근처 '이바구공작소'에서는 이 지역의 역사와 삶의 이야기를 글과 영상으로 전해 들을 수 있다. 산복도로인 망양로를 따라 수정 방향으로 10여 분 걸어가면 만날 수 있는 '유치환의 우체통'에서는 문학 편지의 낭만에 잠깐 빠져보고, 야경 체험에 딱 좋은 게스트하우스 겸 카페 '까꼬막'에도 들를 수 있다. 최근 168계단에 개발된 모노레일을 타보는 것도 또 하나의 즐거운 체험이 될 수 있다.

도시 속 섬마을에
다리를 놓지 말라

쾌속 질주하는 일상을 벗어나 도심 속 섬마을에서
느리게 흘러가는 시간을 체험해보는 것도 가끔은
필요하다. 사는 곳을 허락 없이 기웃거리고 카메라를
들이미는 것은 왠지 미안한 마음이 들기도 하지만,
조심하며 친근한 마음으로 동네를 둘러보고 마을
사람에게 간단히 말을 건네는 정도는 괜찮은 분위기다.
가끔 신기한 눈으로 관찰하는 외국인도 만날 수 있다.
매축지마을은 부산의 속살을 만질 수 있는 몇 안 되는
장소임에 틀림없다. 그러니 가능하면 개발 논리로
이 마을을 손대지 말았으면 좋겠다. 다리가 놓이는 순간
섬마을의 내향적 정서는 사라진다는 사실을
명심해야 한다. 매축지마을을 아파트로 재개발하자는
등의 밀어붙이기식 논리로 우리 정서와 속살을
베어내서는 안 된다.

매축지마을
Maechukji Village

동구 좌천동 일대

매축지마을은 일제강점기 당시 부둣가 화물의 이송을 목적으로 대대적 매립을 거쳐 형성된 땅이다. 이후 한국 전쟁과 함께 밀려든 피란민의 집단 거주 지역이 되면서 집들이 빼곡한 지금의 형태로 정착되었다. 앞뒤로 지나가는 철로와 컨테이너도로, 고가도로 등으로 동네는 도시 발전의 흐름에서 완전히 단절된 채 도심 속의 섬으로 오늘날까지 남아 있다. 한때 상권을 형성하던 식육점과 양복점, 이용원, 미용실, 세탁소, 의상실, 약국 등은 색이 바라고 낡아 남루해 보인다. 적어도 40-50년은 더 되었을 법한 세월의 흔적은 시간이 동결된 채 그대로 남아 있다. 근대의 마을 풍경이 마치 대형 세트장 같은 이곳은 실제로 여러 영화의 배경 장소가 되었다. 마을은 가로세로의 격자형 구획 사이로 미로 같은 골목이 핏줄처럼 이어져 있다. 판잣집이나 시멘트벽 집이 1-2미터 좁은 골목을 끼고 다닥다닥 붙어 있다. 서너 평에 불과한 좁은 집은 골목에서 미닫이문만 열면 바로 거실이고 안방이다. 골목에 내놓은 장독, 화분, 빨간 고무 대야, 연탄통 등 온갖 세간이 남의 집 안으로 들어간 듯한 느낌마저 들게 한다. 곳곳의 폐가와 공가는 을씨년스럽기도 하지만 칙칙함을 감추려 새로이 바른 페인트와 벽화 때문에 마을에 다시 생기가 돈다. 마을에는 일제강점기 당시 마구간을 개조해 살았던 소형 주택의 내부를 단면으로 들여다볼 수 있도록 조성한 '마구간 하우스'도 있다.

부산시민회관
Busan Citizen's Hall

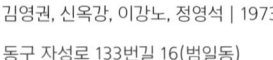

김영권, 신옥강, 이강노, 정영석 | 1973
동구 자성로 133번길 16(범일동)

1973년 10월 개관한 부산시민회관은 전국의 국공립문예회관 가운데 가장 오래된 건물이다. 대극장과 소극장을 중심으로 전시실, 아트숍, 연습실, 카페테리아 등 부대시설을 갖추고 있다. 개관 이후 2002년에 개보수 및 증축 공사가 있었고, 2009년에는 대극장의 객석, 바닥 전면 교체 및 전시실 리모델링 작업이 이어졌다. 특히 대극장은 소리를 흡수하는 천 의자를 모두 나무 재질로 바꾸고, 벽면의 철재 타공판도 걷어내 역시 나무 재질로 교체했다. 대극장 객석수도 1,810여 석이었던 것을 1,600여 석으로 줄이면서 공연 감상 여건을 더 향상시켰다. 이 건물의 조형적 특징은 단연 곡선 기둥으로 구성된 아케이드라 할 수 있다. 마치 파도가 출렁이는 듯 역동적으로 연속되는 곡선은 공연장 건물의 상징성을 표출하고 있다.

아모레퍼시픽
부산지역사업부
Amorepacific Busan

김종규, 최종훈 | 2009
동구 중앙대로 276(초량동)

김종규가 설계한 아모레퍼시픽 부산지역사업부는 건물 전체가 하얗다. 수평으로 펼쳐진 저층부는 불투명한 베이스 패널로 깔끔하게 마감했고, 수직으로 솟아 있는 고층

KB손해보험 부산본부
KB Insurance Busan Branch

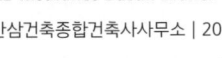

간삼건축종합건축사사무소 | 2011
동구 자성로133번길 15(범일동)

부산시민회관 건너편에 자리 잡은 KB손해보험 부산본부는 외형부터 역동적이다. 저층부는 입구로 갈수록 점점 경사지게 들어올리고, 수직 고층부는 사선으로 꺾인 형태를 취해 획일화된 업무 지역에 활력을 불어넣는다. 이 같은 형태적 특징을 살리기 위해 유리로 마감된 재료와 패턴은 최대한 단순하게 처리했다. 로비에 들어서면 3층까지 수직으로 뚫려 있는 대기 공간과 빛 유입을 위한 아트리움(artrium)이 정면에 펼쳐진다. 3층까지 연결된 계단으로 오르면 예상하지 못했던 큰 규모의 공연장 'KB아트홀'을 만나게 된다. 무대와 객석을 가변적으로 바꿀 수 있기 때문에 다양한 형태의 실험적인 공연도 진행된다. 무대 뒤 커튼을 젖히면 전면 유리창 너머로 부산시민회관 전경이 포착되게 설계해 문화적 연계를 꾀했다.

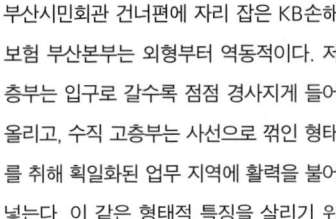

부는 온통 은은한 빛깔의 반투명 유리로 마감했다. 화장품 제조사의 이미지답게 건물은 분칠한 듯 정갈한 자태를 뽐낸다. 화려하지 않아도 품격이 느껴져 주변 빌딩들과 차별화된다. 실내의 벽과 바닥도 대체로 흰색으로 정돈했으며, 로비는 갤러리 역할을 겸하도록 디자인했다. 전면도로와 이면도로 사이 지면의 높이 차이를 그대로 이용한 복층 구조의 열린 갤러리 로비에는 예술 작품이 전시되어 있다. 사무실의 크고 작은 액자 모양의 창을 통해 바깥 풍경을 보도록 한 것조차 하나의 예술적 경험을 유도한다. 또 한 가지 이 건물의 특징은 보행자에 대한 배려다. 1층을 조금 뒤로 물려 심리적으로 건물에 위압감을 느끼지 않도록 했고, 실내 영역으로 충분히 활용할 수 있는 공간을 초록의 외부 중정에 내어줬다. 또한 앞뒤 도로를 이어주는 보행자용 계단이 건물의 중앙을 관통해 지나간다. 공공성을 염두에 둔 기업가정신을 엿볼 수 있는 대목이다.

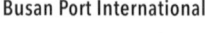

부산항 국제여객터미널
Busan Port International Passenger Terminal

희림종합건축사사무소,
일신설계종합건축사사무소,
한국건축종합건축사사무소,
상지이앤에이/엔지니어링건축사사무소 | 2015
동구 충장대로 206(초량동)

2015년에 개관한 부산항 국제여객터미널은 북항 재개발 사업의 핵심 시설 가운데 하나로 예전의 북항 3·4 부두 일원에 건립되었다. 연면적이 무려 9만 3,931제곱미터로, 축구장 13배 크기에 달하는 큰 규모의 이 건물은 국내 굴지 설계사 희림종합건축사사무소, 일신설계종합건축사사무소, 한국종합건축사사무소, 상지이앤에이/엔지니어링건축사사무소의 컨소시엄으로 설계되었다. 날렵한 고래의 유영과 파도의 역동성을 형상화한 외관은 입지적 특징과 부산이라는 상징

을 담아 세계를 향해 뻗어가는 미래지향성
을 표현하고 있다. 2층에는 입국장이 있고,
3층에는 출국장과 CIQ(세관, 입국 심사, 통
관 검역) 기관, 면세점으로 구성되어 있으며,
5층에는 국제회의장 및 다목적 이벤트홀을
배치해 원스톱으로 국제적 행사를 유치할
수 있다. 지금은 접근성이 떨어지지만, 향후
부산역과 공중으로 연결하는 보행용 데크가
설치되면 바다와 철도와 도시를 연결하는
입체적 교통망의 한 축이 될 것이다.

KTX 부산역사
KTX Busan Station

이광노 | 1969

건원종합건축사사무소 | 2004(리모델링)

동구 중앙대로 206(초량동)

부산의 철도 역사는 1910년에 클래식한 르네상스식 벽돌 2층 구조로 중앙동에 처음 건립되었다. 이후 1969년에 초량동에 다시 신축했는데, 지금의 모습은 기존 건물을 2004년에 경부고속철도 개통에 맞춰 증개축해 완성한 것이다. 콘크리트 외벽에 휘어진 금속 원기둥을 덧대고, 그 앞면 전체를 투명한 유리로 마감해 투명성이 강조된 건물을 만들었다. 광장을 마주한 건물 표면 전체가 유려하게 휘어져 미래지향적인 동시에 거대한 선박 이미지를 띠어 부산의 상징성을 표현하고 있다. 바다 방향의 건물 반대편 벽면에도 대형 유리를 적용해 철도를 이용하는 승객에게 북항과 부산항대교를 조망할 수 있는 시각적 즐거움을 제공한다.

다섯그루나무
Five Trees

정영한 | 2015

동구 초량중로 13-6(초량동)

다섯그루나무는 130제곱미터 남짓의 대지 안에 높이와 크기가 다른 다섯 채의 별동을 다닥다닥 붙여서 배치해놓은 게스트하우스다. 이 게스트하우스의 이름은 '인사이드부산호스텔(Inside Busan Hostel)'이다. 외벽 또한 시멘트 뿜칠, 벽돌 쌓기, 징크 패널 등 다양한 재료를 적용해 옹기종기 모여 사는 마을의 모습과 닮아 있다. 문과 담도 없는 집과 집 사이의 좁은 틈으로 들어서면 좁은 골목의 정서도 묻어난다. 그래서 신축임에도 이질감이 느껴지지 않고 주변 건물과 잘 어우러진다. 내부 역시 흰색 페인트 마감과 합판의 순수한 물성 그대로를 표현하면서도 온화하게 꾸며져 있다.

정란각

Jeongnangak House

건축가 미상 | 1943

동구 홍곡로 75(수정동)

정란각은 일제강점기인 1943년에 철도청장의 관사로 지어진 고급 일식 주택이다. 고풍스러운 옛 가옥의 모습을 잘 간직하고 있는 2층 목조 건물로, 일본 무사 계급의 전형적인 주거 형식인 쇼인즈쿠리(書院造) 건축 양식을 그대로 따르고 있다. 특히 웅장한 지붕과 높은 천장, 미로 같은 실내 구조, 곳곳의 화려한 장식 등에서 그 특징을 발견할 수 있다. 본채 1층의 남쪽과 서쪽에는 툇마루에 해당하는 복도가 'ㄴ'자형으로 설치되어 있으며, 1층과 2층 사이에는 문간방 역할을 하는 반 2층 공간을 둔 것이 특이할 만하다. 또한 2층 난간의 정밀한 가공과 창호 형태, 살짜임, 동판을 붙여 치장한 기둥뿌리나 대문 문짝 등의 화려한 장식에서 일식 주택 특유의 미적 감각을 느낄 수 있다. 미닫이문을 통해 연속되는 다다미방은 제법 격품 있어 보이고, 한쪽 벽의 도코노마(床の間)도 인상

적이다. 꽃 장식으로 멋을 부린 석등이나 조경석을 사용한 정원의 조성 및 조경수의 식재 등도 일본 전통 건축의 형식을 충실히 따르고 있다. 정란각은 최근 리모델링을 거쳐 시민과 관광객이 이용할 수 있는 게스트하우스 겸 카페 '문화공감수정'으로 변신했다.

남구

NAM-GU

자연의 결을 보살피어
땅의 기운을 돋우다

오륙도가원은 자연의 품속에 안겨 있고,

공간은 자연을 다시 품으려 한다. 자연을 이기려

들지 않으며 눈길을 사로잡고자 안달하지도 않는다.

자연의 일부가 됨으로써 비로소 가장 편안해 보이고,

땅의 가치는 본래보다 더 높아졌다. 시각을 유혹하는

요소가 없기에 소탈하게 보이지만 그렇다고 결코

만만하지는 않다. 멋스러움을 삼키듯 내뱉은 내공이

느껴진다. 맛깔나게 노래하는 가수의 칼칼한 소리에

매료되는 것 같다. 이렇듯 결의 기운을 잘 보살피고

돋운 공간에 가면 덩달아 기운이 난다.

오륙도가원

Oryukdogawon Restaurant

정재헌 | 2011

남구 백운포로 14(용호동)

건축가 정재헌이 설계한 오륙도가원은 전통 한옥이 가진 멋스러움을 현대적으로 재해석한 레스토랑이다. 대지 뒤로 산이 감싸고, 탁 트인 바다가 눈앞에 펼쳐진다. 경사진 계곡 지형에 적잖은 양의 흙을 되메워 평평한 땅을 조성한 뒤 건물을 세웠다. 진입하는 길에서 내려다보면 'ㄷ'자형 배치에 가운데 마당을 둔 정갈한 현대판 한옥처럼 보인다. 지붕을 봐서는 한 동으로 연결되어 있는 듯하지만, 실제로는 각 건물이 한옥의 채나눔 방식으로 조금씩 띄워져 있고 각각의 공간에서 건너편 동의 내부 모습을 바라볼 수 있다. 또한 마감재로 채택한 시멘트 벽돌이나 미송 합판의 질감, 그리고 지붕을 슬레이트 골판재로 처리한 것에서도 한옥의 검박함이 풍겨난다. 데크 목재로 된 중정에 서면 에둘러 배치된 건물의 높이와 너비의 적절한 비례로 심리적 안정감을 느낀다. 또한 중정 앞의 찰랑이는 연못과 넓게 펼쳐진 잔디마당은 자연과의 일체감을 더욱 극대화한다. 외부를 조망할 수 있게 뚫어놓은 창은 식사하는 손님들에게 시각적 즐거움을 선사한다.

기획자이면서 건축주이기도 한 건축가 최윤식의 손길에서 만들어졌다. 높은 천장 아래 40명은 족히 수용할 소공연장은, 이름하여 '용천지랄'이다. 건축가의 LP판 2만여 장을 보유한 음악 카페에서는 음향의 진동이 박공천장 아래를 가득 울린다. 플로리스트가 꾸미고 운영하는 갤러리 겸 꽃집은 그 자체가 하나의 세트장이며 파티 공간이다. 원래 있던 나무가 유리 천장을 관통해 가지를 뻗는 섬세한 공간 처리가 특히 인상적이다. 또한 기존 주택의 멋스러운 목재 천장을 그대로 살리고 중국에서 공수해온 고가구로 테이블을 제작한 찻집이 1층에 있고, 오래된 옛 물건과 예쁜 소품이 수다스럽게 비치된 2층 식당도 있다. 집과 집 사이의 골목에는 어디서 구해왔는지 어떤 연관이 있는지 알 수 없는 장식돌, 물둠벙, 폐자전거, 도자기 등이 이상하리만큼 서로 잘 어우러져 있다. 입구에 내걸은 목어(木魚)도, 우뚝 솟은 종탑도, 떡하니 제자리를 잡은 화분도 낯설지 않게 콜라주되어 그 자체로 조각품인 양 제법 그럴싸해 보인다. 번쩍번쩍한 주변 상업 시설과 달리, 그렇게 원래부터 있었던 것처럼 오래된 것이 전하는 체취가 골목에 가득 배어 있다.

문화골목
Cultural Golmok

최윤식 | 2008
남구 용소로13번길 36-1(대연동)

문화골목은 부산의 대표적인 대학가 상권인 대연동의 낡은 주택 다섯 채를 엮어서 복합 문화 상업 공간으로 재생한 사례다. 집과 집 사이의 담을 모두 헐어내고, 정해진 틀 없이 고치고 덧대고 이어 붙여 어디서도 볼 수 없었던 공간을 만들어냈다. 이 독특한 건물은

부산예술회관

Busan Art Center

이아희, 강성문 | 2011

남구 용소로 78(대연동)

건축가 이아희, 강성문이 공동 설계한 부산 예술회관은 부산 지역 12개 문화예술 단체의 사무실이 모여 있는 동시에 다양한 전시 및 공연, 강연 행사가 이루어지는 복합 문화 공간이다. 3개 차로와 접해 있는 대지 전면부에 넓은 마당과 옥외 공연장을 두고, 건물은 'ㄱ'자형으로 뒤로 물려 안정적으로 배치했다. 그러나 필로티 구조로 공중에 띄운 사다리꼴 전시실과 청록색 산화 동판으로 마감한 돌출 계단실의 역동적인 모습은 일상을 파격하는 예술인의 공간임을 상징하는 듯 보인다. 240여 석의 1층 공연장과 함께 연습실 3개를 갖추고 있으며, 복층 구조로 된 전시실의 공간 구성이 특이하다.

부산박물관

Busan Museum

이희태 | 1978(동래관)

정춘국 | 2000(부산관)

남구 유엔평화로 63(대연동)

부산박물관 동래관은 부석사 무량수전이나 종묘와 같은 전통 건축물의 형상과 닮아 있다. 설계 당시 국내 건축계에서는 '전통의 구현'이 민감한 화두였다. 1층은 외부 바닥면보다 들어 올려져 일종의 기단을 형성하고, 그 위에 몸체와 지붕으로 나뉜 3단 구성을 이룬다. 열주로 처마를 받치고 있는 모양새나 전돌과 철재로 만(卍)자 패턴을 만든 외벽 등에서 전통을 고려한 건축가의 생각이 읽힌다. 2002년에 추가로 지어진 제2전시관인 부산관 역시 전통성의 맥락을 크게 빗겨나지 않도록 설계되었음을 알 수 있다.

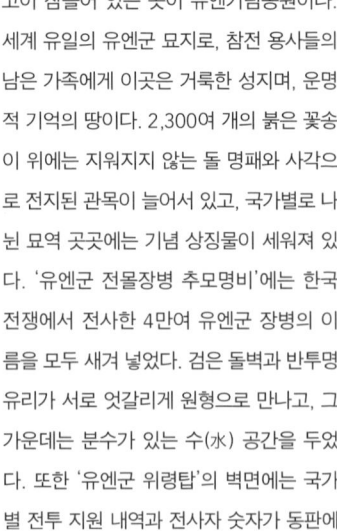

유엔기념공원
UN Memorial Cemetery

김중업 | 1964(추모관), 1966(정문)

남구 유엔평화로 93(대연동)

한국 전쟁에서 전사한 유엔군 전몰장병이 고이 잠들어 있는 곳이 유엔기념공원이다. 세계 유일의 유엔군 묘지로, 참전 용사들의 남은 가족에게 이곳은 거룩한 성지며, 운명적 기억의 땅이다. 2,300여 개의 붉은 꽃송이 위에는 지워지지 않는 돌 명패와 사각으로 전지된 관목이 늘어서 있고, 국가별로 나뉜 묘역 곳곳에는 기념 상징물이 세워져 있다. '유엔군 전몰장병 추모명비'에는 한국 전쟁에서 전사한 4만여 유엔군 장병의 이름을 모두 새겨 넣었다. 검은 돌벽과 반투명 유리가 서로 엇갈리게 원형으로 만나고, 그 가운데는 분수가 있는 수(水) 공간을 두었다. 또한 '유엔군 위령탑'의 벽면에는 국가별 전투 지원 내역과 전사자 숫자가 동판에 새겨져 있다. 내부로 들어가면 안장자와 관련된 사진 및 자료가 전시되어 있다. 위령탑

유엔평화기념관
United Nations Peace Memorial Hall

상지이앤에이/엔지니어링건축사사무소 | 2014
남구 흥곡로320번길 106(대연동)

유엔평화기념관은 유엔기념공원을 내려다
볼 수 있는 당곡공원 언덕배기에 건립되었
다. 건물의 전체 형상은 두 축으로 결정되었
다. 경사 지형의 축을 따라 건물의 전체 덩
어리를 직방형으로 배치하고, 상징성이 강
한 진출입구와 전망대는 기념 공원의 방향
과 일직선이 되도록 축을 틀었다. 그러다 보
니 건물 외관이나 내부 공간에 각진 부분이
많이 발생했지만 실제로는 그다지 부담스럽
지 않게 공간이 잘 정리되었다. 전시 내용은
평화 유지, 빈곤 퇴치, 인권 옹호 등 세계 평
화를 위한 국제기구 및 유엔의 활동과 함께
한국 전쟁 참전국 및 용사에 대한 자료, 사
진, 영상, 유품 등이 전시되어 있다. 80여 석
규모의 4D영상관에서는 유엔군 참전 의미
와 인도주의 활동을 역동적으로 느낄 수 있
고, 2층 평화센터에서는 흰색과 초록색의
인테리어가 강조된 넓은 공간에서 체험 프
로그램을 진행할 수 있다. 유엔기념공원, 광
안대교 등 부산의 전경을 한눈에 내려다볼
수 있는 전망대는 평화의 상징인 비둘기의
날갯짓을 추상적으로 형상화했다.

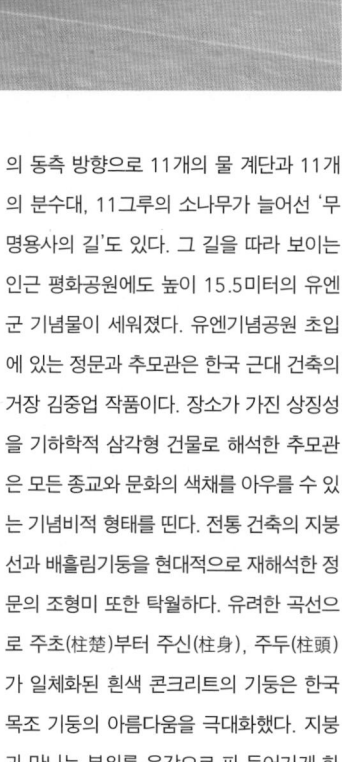

의 동측 방향으로 11개의 물 계단과 11개
의 분수대, 11그루의 소나무가 늘어선 '무
명용사의 길'도 있다. 그 길을 따라 보이는
인근 평화공원에도 높이 15.5미터의 유엔
군 기념물이 세워졌다. 유엔기념공원 초입
에 있는 정문과 추모관은 한국 근대 건축의
거장 김중업 작품이다. 장소가 가진 상징성
을 기하학적 삼각형 건물로 해석한 추모관
은 모든 종교와 문화의 색채를 아우를 수 있
는 기념비적 형태를 띤다. 전통 건축의 지붕
선과 배흘림기둥을 현대적으로 재해석한 정
문의 조형미 또한 탁월하다. 유려한 곡선으
로 주초(柱礎)부터 주신(柱身), 주두(柱頭)
가 일체화된 흰색 콘크리트의 기둥은 한국
목조 기둥의 아름다움을 극대화했다. 지붕
과 만나는 부위를 음각으로 파 들어가게 한
것은 전통과는 전혀 다른 독창적 해석이다.

일제강제동원역사관

History Museum of Forced Mobilization under Japanese Occupation

삼우종합건축사사무소 | 2015

남구 흥곡로320번길 100(대연동)

일제강제동원역사관은 일본에 강제 동원된 군인, 군무원, 노무자, 일본군 위안부 등 피해자들의 진술과 관련 자료, 영상물을 전시한 곳이다. 건물은 회색빛 거친 테라코타(terracotta) 외벽 곳곳에 구멍을 뚫거나 파 들어간 흔적을 표현해 역사의 아픈 기억을 되새기고자 했다. 당곡공원의 경사진 지형에 건물의 절반가량을 파묻은 채 그대로 돌출되어 나온 매스는 4개 층 높이까지 공중에 부양되어 있는 형태이다. 수직 엘리베이터를 타고 전시실로 들어서면 공간의 엄숙함에 당장 옷매무새를 다듬게 된다. 내부

는 회색빛 거대한 콘크리트 박스 속에 또 하나의 박스를 더 만들어놓은 공간 같다. 박스 사이 빈틈에 높이 20미터는 되어 보이는 '기억의 터널'로 진입하면 강제 동원되는 피해자들의 발걸음을 따라 안으로 들어간다. 회랑과 같은 작은 전시 공간을 휘 둘러보다 뻥 뚫린 홀을 다시 만나는데, 홀 가운데를 사선으로 가로지르며 지나가는 '진혼의 다리'는 역사관 내부에서 가장 상징성이 강한 디자인이다. 계단 옆 벽면 전체에 강제 동원된 피해자들의 사진을 가득 부착한 공간 디자인 또한 의미를 강하게 전달한다. 7층 교육 및 연구 공간을 지나 옥상에 오르면 계단이 많은 길이 공원까지 길게 이어진다. 역사의 무거움을 다시 일상으로 되돌리는 공간이다. 도시의 근원경이 파노라마처럼 펼쳐지는 4층 로비의 가로로 넓은 창 앞에서도 일상 공간을 다시 보게 한다.

부산문화회관
Busan Cultural Center

성림종합건축사사무소 | 1993

남구 유엔평화로76번길 1(대연동)

부산문화회관은 1982년 건축 현상공모에서 성림종합건축사사무소의 건축가 임장렬이 당선되어 1983년 10월에 기공한 뒤 1993년 10년 동안의 긴 시간 끝에 완공되었다. 1988년에는 대극장을 1차로 준공 개관했으며, 그 뒤에 나머지 중강당과 소강당이 건립되어 연면적 4만 4,000여 제곱미터의 대규모 문화예술 시설로 완성되었다. 전통 가옥의 공간 구성을 도입해 가운데 대강당이 본채, 양옆의 중강당과 소강당이 사랑채와 별채 같은 형식이다. 건물 전면부의 열주와 처마, 추녀를 닮은 조형적 특징도 전통의 현대적 재해석이라 할 수 있다. 부산문화회관의 대극장은 객석수가 1,400여 석 규모이며, 오케스트라 피트와 승강 무대 등을 갖춰 콘서트와 연극, 오페라, 발레 등의 무대 공연을 모두 소화하는 다목적 공연장이다. 대극장 앞 넓은 마당은 가끔 야외 무대로 활용되어 대형 행사가 벌어지기도 한다. 2010년에는 노후된 대극장 내외부 시설을 리모델링했다. 건물 외관은 현대적 감각에 맞게 투명 유리가 설치되어 극장에서 주변 경관을 조망할 수 있고, 로비는 밝고 친근한 분위기의 대리석으로 교체되었다.

부산국제금융센터
Busan International Finance Center

하우드그룹, 디에이그룹, 현대종합설계건축사사무소, 상지이앤에이/엔지니어링건축사사무소,
부산건축종합건축사사무소, 한미건축종합건축사사무소 | 2014
남구 문현금융로 40(문현동)

지상 63층의 부산국제금융센터는 289미터 높이로 부산에서 세 번째 높은 빌딩이다. 건물의 사방면을 모두 유리로 마감해 거대한 수직의 보석처럼 반짝인다. 최고층에서는 시내 먼 곳까지도 한눈에 포착되며, 맑은 날에는 바다 너머 대마도까지 육안으로 볼 수 있다. 한국거래소, 한국자산관리공사, 한국예탁결제원, 한국주택금융공사, 한국자산관리공사 등 국내 대표 금융기관이 총집결되어 있어 업무의 효율성을 위해서는 무엇보다 엘리베이터 성능이 뛰어나야 한다. 총 28대의 엘리베이터를 저층부, 중층부, 고층부로 분리해 운용하고 있으며, 특히 고층부 엘리베이터는 꼭대기 층까지의 순간 이동속도가 1분도 채 걸리지 않는다. 또 무려 2만여 명에 달하는 상주 근무자를 대상으로 하는 식당, 커피숍, 편의점, 화장품숍 등 상업 공간 'BIFC몰'이 별도로 있다. 로비는 높다랗고 시원시원하게 인테리어되어 있고, 대형 오브제가 천장 곳곳에 매달려 눈길을 끈다.

사과나무학교
Appletree School

이원영, 조형장 | 2008
남구 유엔평화로 110-39(대연동)

발도르프(waldorf) 교육을 진행하는 대안학교인 사과나무학교는 부산문화회관과 유엔평화기념관과 연결된 비교적 한적한 곳에 위치하고 있다. 그렇게 넓지 않은 부정형의 땅을 십분 활용하기 위해 건물은 대지 경계선에 맞춰 'ㄴ'자형으로 자연스럽게 꺾여 있다. 건물과 이웃집 담벼락 사이의 외부 환경을 그대로 활용해 단형의 뒷마당을 조성했다. 몇 단계로 꺾인 건물 외벽을 따라 박공지붕을 덮고 적벽돌과 적삼목으로 벽체를 마감해, 전반적으로 집과 같은 친근한 느낌을 전달한다. 1층의 로비, 복도, 교실과 2층의 다목적홀 등은 감성적인 색상과 원목 인테리어로 실내가 포근하고 아늑하다.

오륙도등대
Oryukdo Lighthouse

정연근 | 1999

남구 오륙도로 130(용호동)

이기대공원 아래에 있는 오륙도 유람선 선착장에서 오륙도등대로 들어가는 배를 탈 수 있다. 파도가 심하지 않은 날씨 좋은 날에만 한 시간 간격으로 있는 배라 시간을 잘 맞춰야 한다. 배는 등대섬에 잠시 접안하는데, 등대가 서 있는 곳까지 암벽을 오를 수 있는 하얀 철제 난간과 계단이 외지인을 먼저 맞는다. 오르는 길 중간쯤에 섬의 절반을 둘러볼 수 있는 둘레길이 있다. 바닷속 억겁의 시간을 휘두른 채 솟구쳐 오른 절리는 그 자체로 절경이다. 이 땅 위에 감히 인공의 건물을 하나 얹는다는 것은 대단한 신공이 아니고서는 힘겨운 일이다. 한국 최초의 등대 현상공모에서 건축가 정연근의 설계안이 당선되었다. 27.5미터 높이의 수직 등탑은 직원 숙소인 수평 덩어리와 'ㄱ'자형으로 결합되어 있다. 짙은 회갈색 기암절벽의 섬 위에 순백의 구조물이, 그것도 일부 공중에 떠

있는 날렵한 형태로 서 있어 절묘한 대비를 이루면서도 서로가 서로를 붙들고 있는 조화도 느껴진다. 여기서는 어디에 서더라도 눈맛이 장쾌하다. 가까이 이기대, 멀리 해운대와 영도, 더 멀리 일본 대마도까지도 풍경 액자가 되어 보인다. 새벽 첫 배를 타고 들어가면 지상 최고의 일출을 볼 수 있으며, 저녁녘 방문객은 도시로 해넘이 하는 붉은 하늘의 장관을 볼 수 있다.

부산은행 본점
Busan Bank

일신설계종합건축사무소 | 2014

남구 문현금융로 30(문현동)

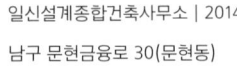

2014년 새로이 건립된 부산은행 본점은 문현 금융 단지의 부산국제금융센터 바로 옆에 위치하고 있다. 과거와 현재를 거쳐 미래까지 뻗어나가는 듯한 건물 외관은 전체가 커튼월 유리로 마감되어 개방성과 투명성을 동시에 강조하고 있다. 꼭대기 23층에 스카이홀과 하늘정원이 있고, 22층에는 직원 식

당과 건강 관리실이 있다. 그 외 나머지 전층에는 임원실 및 부서별 사무실을 체계적으로 배치하고 있는데, 1-2층의 지상층은 오히려 시민에게 개방하는 복합 문화 공간으로 할애했다. 그중 금융역사관은 부산은행의 역사를 한눈에 보여주고 체험할 수 있게 하는 전시 공간이며, 기업홍보관 '하이스퀘어'는 부산, 울산, 경남의 향토 기업을 소개하는 열린 공간이고, 그 옆 160여 제곱미터 규모의 'BNK아트갤러리'는 대민용 기획 전시실이다. 별동 개념으로 붙은 건물에는 각종 대내외 행사를 열 수 있는 다목적 대강당을 마련해놓고 있다.

더뷰
The View

최시영 | 2013

남구 이기대공원로 57-170(용호동)

이기대 갈맷길의 한쪽 들머리인 동생말에는 유리로 만든 초록빛 배 모양의 건물이 세워져 있다. 출항 직전 물에 정박해 있는 듯한 유리 배는 하부에 기암괴석을 딛고 있다. 실내의 경사진 유리 벽면으로 보이는 일렁이는 바다와 광안대교, 해운대 쪽 고층 건물군의 전경과 먼 산자락은 환상적인 조합이다. 270도 각기 다른 조망을 허락받은 천혜의 땅, 하지만 이곳을 웨딩홀과 연회장이라는 폐쇄적 구조의 상업 시설로 활용하다 보니 땅과 건물 형상이 가진 매력을 온전히 드러내고 있지는 못하다.

부산성소병원
Busan Seongso Hospital

이성호, 부산건축종합건축사사무소 | 2012
남구 수영로 175(대연동)

부산성소병원의 건물 외관은 유리로 마감
된 투명 벽면, 사비석과 AL 복합 패널로 마
감된 불투명 벽면이 이어졌다가 끊어지거

나 돌출되었다가 다시 움푹 파 들어가는 등
의 변화를 주는 디자인을 선보인다. 매스
의 분절, 투명과 불투명의 조합, 뒤로 물러
선 발코니에서 느낄 수 있는 여유는 높은 빌
딩의 시각적 부담감을 경감시킨다. 빛이 드
는 전면도로 측과 산의 경관이 보이는 후면
부는 커튼월로 처리했고, 복잡한 주변 건물
군과 마주한 좌우 측면은 최대한 벽으로 막
음으로써 기능적으로도 효율적인 대응을 했
다. 지상 1층에서 14층에 이르는 내부 공간
에도 외관에서 보았던 분절과 틈의 특성이
그대로 연계되어 디자인의 통일감이 느껴진
다. 층과 층을 수직적으로 관통시키고, 벽과
천장의 틈 사이로 자연 채광이 유입되고, 조
망 및 휴게가 가능한 툭 트인 옥상정원과 발
코니를 두는 식이다. 내부 벽면 곳곳에서는
강조색을 적용해 면의 변화를 부각시키려는
건축가의 의지를 읽을 수 있다. 특히 1층과
2층을 잇는 중앙 에스컬레이터 주변의 회색
빛 노출콘크리트와 흰색, 노란색, 보라색의
색조합은 상당히 이색적이라 할 만하다.

일오집

Ilo House

안웅희 | 2013

남구 유엔평화로106번길 28(대연동)

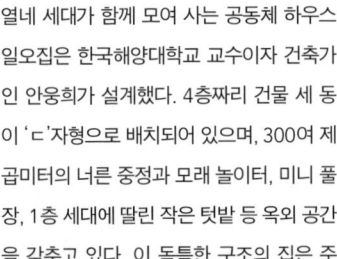

열네 세대가 함께 모여 사는 공동체 하우스 일오집은 한국해양대학교 교수이자 건축가인 안웅희가 설계했다. 4층짜리 건물 세 동이 'ㄷ'자형으로 배치되어 있으며, 300여 제곱미터의 너른 중정과 모래 놀이터, 미니 풀장, 1층 세대에 딸린 작은 텃밭 등 옥외 공간을 갖추고 있다. 이 독특한 구조의 집은 주거 공동체의 꿈을 실현한 부산의 첫 사례로, 사과나무학교 학부모를 주축으로 시작되었다. 전용면적 70여 제곱미터 남짓의 단층 여덟 세대와 복층 여섯 세대로 구성되어 있으며, 1층에는 마당에 접한 커뮤니티 하우스가 있고 지하에는 열일곱 대를 수용하는 주차 시설과 목공실도 있다. 돌망태로 만든 1층 담장과 무지개 색상으로 칠한 발코니 때문에 더욱 아기자기하다. 집 이름은 열네 세대와 커뮤니티 하우스 하나를 더해 '15', 그래서 '일오집'이라 명명했다.

수영구

SUYEONG-GU

다른 직조 방식으로
새로운 결을 만들다

키스와이어센터는 주변에서 찾아볼 수 없었던
새로운 형태임에 틀림없다. 우리가 자랑스럽게
여겨도 괜찮을 건물이다. 일차 실험적으로 신기술을
사용한 것에 찬사를 보내야겠지만, 더욱 진중하게
감흥을 불러일으키는 것은 땅을 읽어내고 다루는
건축가의 관점이다. 같은 체크무늬가 들어 있는
옷감이라도 '몸뻬' 바지와 명품의 그것이 같을 수
없는 이유도 여기에 있다. 미세한 듯한 차이는
기실 쉽게 넘어갈 수 없는 바로 '관점'에 있다.
다시 말하지만 생각을 가지고 있는 건축가가
사용하는 신기술은 가히 새로운 패턴, 새로운 결을
만들어낸다.

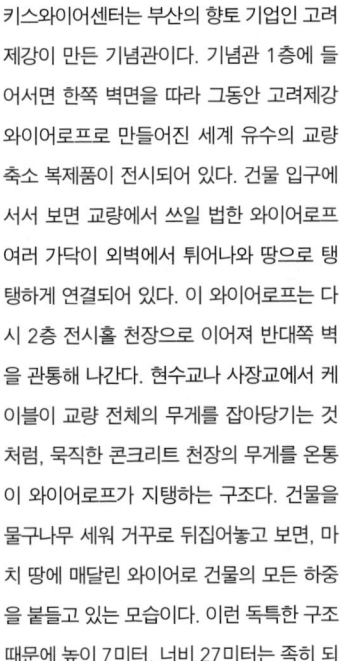

키스와이어센터
Kiswire Center

조병수 | 2014

수영구 구락로141번길 63(망미동)

키스와이어센터는 부산의 향토 기업인 고려제강이 만든 기념관이다. 기념관 1층에 들어서면 한쪽 벽면을 따라 그동안 고려제강 와이어로프로 만들어진 세계 유수의 교량 축소 복제품이 전시되어 있다. 건물 입구에 서서 보면 교량에서 쓰일 법한 와이어로프 여러 가닥이 외벽에서 튀어나와 땅으로 탱탱하게 연결되어 있다. 이 와이어로프는 다시 2층 전시홀 천장으로 이어져 반대쪽 벽을 관통해 나간다. 현수교나 사장교에서 케이블이 교량 전체의 무게를 잡아당기는 것처럼, 묵직한 콘크리트 천장의 무게를 온통 이 와이어로프가 지탱하는 구조다. 건물을 물구나무 세워 거꾸로 뒤집어놓고 보면, 마치 땅에 매달린 와이어로 건물의 모든 하중을 붙들고 있는 모습이다. 이런 독특한 구조 때문에 높이 7미터, 너비 27미터는 족히 되

는 2층의 넓은 전시홀 내부에 기둥이 하나도 없다. 넓은 공간 가운데 타원형으로 휘어져 올라가는 긴 철재 램프(ramp)를 두었는데, 이 역시 와이어로만 서로 지지하도록 디자인되었다. 휘감겨 오른 타원 램프는 외부 수 공간이 있는 중정을 아래로 내려다보면서 곧장 뒷마당까지 연결된다. 하늘을 담을 만큼 크고 조용한 수 공간은 와이어의 기계적 성격을 모두 잊게 하고, 사각 창으로 뚫어놓은 벽면 개구부를 통해 주변 자연과 도시의 모습을 관망할 수 있다.

고려제강 사옥
Kiswire Company Building
조병수 | 2016
수영구 구락로141번길 37(망미동)

와이어로프 제조 분야에서 국내 선두 기업인 고려제강의 사옥은 지하 4층, 지상 3층 규모로 건립되었다. 경사 지형을 그대로 활용해 만든 지하 4개 층의 주차장 후면은 땅에 접지되어 있는 반면, 전면 전 층은 마치 지상층처럼 개방적 구조를 갖고 있다. 짙은 회색으로 마감된 지상 사옥의 3개 층은 위아래 어긋나게 배열된 가로 창이 리드미컬하다. 날렵하게 건물 전체를 덮고 있는 옥상 구조물은 우측 주출입구의 상단부를 벗어나 원형으로 돌출되어 있다. 직사각형의 긴 사무 공간 가운데 부분에 중정을 두어 자연채광이 모든 실내에 스며들며, 내부 인테리어 역시 흰색, 회색, 나무 색조의 재료로 마감해 순수하고 담백한 공간을 추구했다. 사옥 뒤에는 고려제강의 기념 전시 공간인 키스와이어센터가 연결되어 있고, 사옥 앞쪽에는 오래된 고려제강 공장동을 리모델링해 조성한 9,900여 제곱미터 규모의 대형 전시 공간 'F1963'이 자리 잡고 있다.

엘올리브

El Olive

고성호 | 2009

수영구 좌수영로 129-1(망미동)

건축가 고성호가 설계한 엘올리브는 전면에 수영강과 센텀시티의 낭만적 경관을 두고 있다. 디자인 사옥 크리에이티브센터가 바로 옆에 있으며, 건물 왼쪽이 도로면에서 약 15도가량 틀어져 있다. 건축가는 대지의 기단을 1미터 정도 들어 올려 새로운 지형을 만든 뒤 수평으로 긴 단층의 건물을 세웠다. 전면의 경관을 더욱 넓은 시야로 조망할 수 있을 뿐 아니라 땅의 조건을 입체적으로 활용한 것이다. 진회색 징크 패널의 박공지붕과 붉은 벽돌벽으로 마감한 건물은 땅과 밀착되어 있음을 더욱 강조한다. 내부 공간은 전통 주택의 아늑한 대청마루 같기도 하고, 지붕 높은 다락방 같기도 하다. 높다란 박공의 내부 천장은 평지붕의 일상성을 깨트리고 심리를 고조시킨다. 그리고 파벽돌과 리사이클링 목재, 바닥과 천장의 목재 마감은 마음을 편안하게 만든다. 또한 주방 일부를 의도적으로 개방해 셰프의 요리하는 소리가 들리게 한 것도 이 식당의 특징이다. 홀 가운데 있는 화덕과 매달린 배기구는 시각적으로 흥미로울뿐더러 참나무 장작 타는 소리로 이 공간에서 접할 수 있는 또 다른 즐거움을 제공한다. 별채와 같이 연결된 글라스하우스는 벽과 천장이 온통 유리로 되어 있어 하늘과 강, 전면의 고층 건물이 하나의 그림이 되어 시야에 들어온다. 비오는 날이면 떨어지는 빗방울 소리가 낭만적 정서를 극도로 자극한다.

담백한 비워냄 안에
풍성함이 담긴다

모든 명품의 조건은 비워냄에 있다. 시장의 물건이야

보는 이를 자극하기 위해 알록달록한 색깔과 주렁주렁한

장식으로 일관된다지만, 명품으로 대접받는 제품들은

결단코 그렇지 않다. 작품성을 높게 인정받는

모든 예술품을 비롯한 창작의 결과물 역시도 매한가지다.

쓸데없는 것을 걷어내고, 걷어내고, 걷어내어 남은

순수 본질을 정립해 보여줄 때 그것은 명품이요,

작품이 되는 것이다. 단순하기 그지없는 사각 프레임의

창 하나에도 정성을 듬뿍 쏟는다면 명품 풍경이 담긴다.

나아가 틀을 이루는 벽면도 군더더기 없이 담박한

질감만으로 표현하고 있으니, 그 내부 공간은 백자나

막사발의 깊이감 같은 풍성함이 더해진다. 나뭇가지와

잎의 빈 틀 사이사이로 바람이 지나고, 빛이 머물고,

새들의 지저귐이 진동하듯이, 비워냄의 공간에서

생명이 비로소 숨을 쉰다.

크리에이티브센터
Creative Center

정재헌, 고성호 | 2005

수영구 좌수영로 135(망미동)

인테리어와 건축설계 디자인 사무소인 PDM파트너스의 사옥 크리에이티브센터는 건축가 정재헌과 고성호의 협업으로 탄생했다. 흰색 벽과 육면체 덩어리의 외관에서 차갑고 이지적인 모더니티의 맥락이 읽힌다. 그러나 에둘러 오르게 만든 진입 경사로를 따라 목재로 된 대형 문을 열고 들어서면 예상치 못한 중정을 만난다. 파릇파릇한 잔디마당을 감싸 안으면서 건물은 'ㄷ'자형으로 배치되어 있고, 이쪽 공간에서 저쪽 공간을 서로 건너다볼 수 있게 내벽을 유리로 마감했다. 은은한 빛이 떨어지는 계단으로 층과 층을 오르내리고, 실과 실을 이동하면서 공간이 나뉘었다 이어지고, 외부로 향한 시야가 열렸다 닫히기를 반복한다. 여기에서 전통 한옥 공간이 갖는 내밀함이 느껴지기도 한다. 내부 공간에 대한 호기심이 증폭될 즈음, 2개 층이 뻥 뚫린 회의실 공간이 나온다. 회의실에는 대략 높이가 7미터, 너

비가 12미터가량 되는 투명 유리창이 중간 프레임 하나 없이 말끔히 부착되어 있다. 이 유리창으로 잔물결 일렁이는 수영강과 영화의전당, 신세계백화점을 비롯한 센텀시티의 수직 빌딩들이 한눈에 포착된다. 날이 어두워진 뒤 강에 반영된 불빛 야경은 더할 나위 없이 낭만적이다. 회의실과 이어지는 옥상 정원에서 마주한 하늘도 전혀 색다른 사색의 대상으로 다가온다.

153

도시갤러리
Doci Gallery

이추복 | 2003

최윤식 | 2011(리모델링)

수영구 광남로94번길 6(광안동)

도시갤러리는 광안대교의 화려한 야간 조명과 함께 밤바다의 낭만이 넘실대는 광안리 해변 끝자락에 위치한다. 골목 안에 숨어 있어 아는 사람만 찾던 도시갤러리가 바로 옆에 바다가 보이는 3층 건물을 매입하면서 소규모 복합 문화 공간으로 재탄생했다. 두 건물 사이의 담을 헐어내 마당을 연결했으며, 2층에는 외부로 다리를 두어 건너다닐 수 있다. 건물 내외부는 온통 빈티지풍으로 리모델링되었는데, 격식에 매이지 않고 거칠게 콜라주된 마감 처리가 특히 눈에 띈다. 도시갤러리 건물은 원래 주택이었지만, 공간을 분할하고 연결하는 과정을 통해 일반적인 집의 구조와 많이 달라졌다. 그렇지만 생활 치수가 반영된 휴먼스케일의 방 크기나 방의 연속적인 구성 방식으로 안락한 느낌의 전시 공간을 제공한다. 방의 천장은 볼트형으로 약간 둥글게 처리했고, 벽과 천장의 마감은 콘크리트 뿜칠 위에 온통 흰색으로 칠해놓았다. 액상이 흘러내리듯 송골송골 맺혀 있는 질감이 마치 석회동굴 같기도 하다. 1층 카페 역시 동일한 구조와 마감으로 되어 있고, 도심 속의 시크릿 가든 같은 중정은 각종 행사를 위한 공간으로 활용된다.

더박스
The Box

이병욱, 이원영 | 2012

수영구 민락수변로 241(대연동)

더박스는 부산에서 가장 빠르게 변화하는 센텀시티와 마린시티를 조망할 수 있는 수영강 건너편에 자리 잡고 있다. 4개의 박스 공간이 조금씩 축을 달리하며 엇갈리게 놓인 형상이다. 건물 외벽은 올리브색 모자이크 타일로 전체가 포장되어 있을 뿐, 아무런 장식도 없이 말끔하고 강직하다. 강을 마주하고 있는 전면에는 조망의 장점을 극대화하기 위해 바닥에서 천장까지 중간 프레임이 없는 통유리를 끼워 넣었다. 1층은 주방과 카운터로만 되어 있고, 2층은 2개의 박스 공간에 제각각 다른 모양의 테이블이 분산 배치되어 있다. 3층에는 파티, 브라이덜 샤워, 프로포즈, 기업 모임 등이 가능한 다기능 갤러리가 있으며, 외부로 나가면 야외용 소파가 마련된 옥상 라운지가 있다.

남천성당

Namcheon Cathedral Church

강석원 | 1991

수영구 수영로427번길 15(남천동)

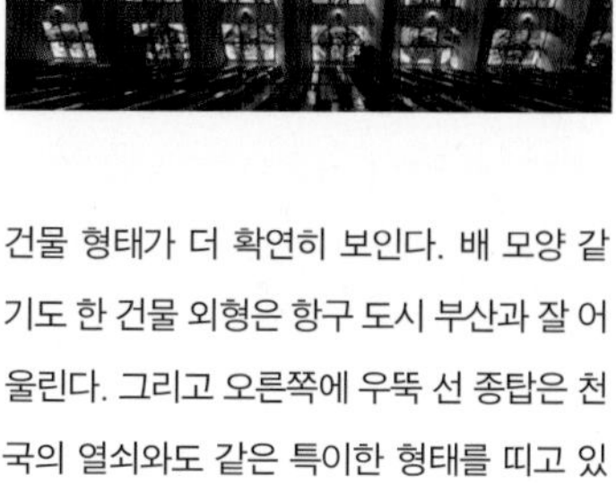

남천성당에는 가로 60미터, 세로 27미터의 경사진 유리면 전체에 스테인드글라스가 적용되어 있다. 단일 규모로는 세계 최대 스테인드글라스로 구상과 비구상 도안이 섞여 있다. 삼위일체를 상징하는 3개의 큰 원을 중심으로 크고 작은 여러 성상이 그려져 있다. 이 유리면을 지탱하기 위해 경사면에는 거대한 버팀벽이 일정한 간격으로 설치되어 있다. 직삼각형 공간의 전면에는 돌로 마감한 원형 벽을 배경으로 한 제단이 있고, 후면 2층에는 웅장한 소리가 울려 퍼지는 성가대석과 오르간을 두었다. 고풍스러운 적벽돌을 사용한 직각의 벽면은 공간 전체를 붙들고 있으며, 45도 경사면에는 흰색 프레임이 벽감처럼 성스러운 빛창을 하나씩 담아내고 있다. 성당 밖에서 보면 직삼각형의

건물 형태가 더 확연히 보인다. 배 모양 같기도 한 건물 외형은 항구 도시 부산과 잘 어울린다. 그리고 오른쪽에 우뚝 선 종탑은 천국의 열쇠와도 같은 특이한 형태를 띠고 있다. 좀 과하다 싶을 정도로 기존 성당 건축의 전통적 형식을 탈피한 대담한 구조다.

인디고서원

Indigo Book Store

함성호 | 2007

수영구 수영로408번길 28(남천동)

입시 학원이 즐비한 남천동 주택가에 겉모
양부터 주변과는 조금 다른 건물 한 동이 우
뚝 서 있다. 학원가에 당연히 있을 법한 참
고서나 문제집은 단 한 권도 취급하지 않고,
오히려 청소년이 읽어야 할 인문학 서적으
로만 가득 진열해놓은 반전의 책 공간이다.
건축주의 인문학적 의지는 건물에 오롯이
반영되었다. 열외기로 외부 환경을 데우는
에너지 사용 방식에 반대해 에어컨을 두지
않고 오히려 건물 사방면에 크고 작은 창을
여러 개 배치했다. 건물 가운데를 직사각형
으로 비워낸 작은 중정까지 두어 바람이 사
통팔달 통한다. 중정에 심은 은행나무 한 그
루는 사시사철 푸른 생명의 기운을 실내
에 드리운다. 1, 2층에는 선별된 인문학 도
서가 평판 위에 보기 좋게 진열되어 있고, 곳
곳에 앉아서 책을 읽을 수 있는 자리가 마련

되어 있다. 3층 중앙은 토론이 가능한 넓은
책상에 내어주었다. 실내는 전돌로 된 회색
빛 벽면에 초록색의 푸름이 곳곳에 덧칠되
어 있다. 창틀과 다양한 수종 화분들, 창 너
머 보이는 후정의 잔디와 나무까지 온통 초
록이다. 건물 최상층인 4층 대표실은 박공지
붕 아래 편안한 가구들이 자리 잡은 다락방
이다. 대표실에 딸린 발코니로 나가면 중정
을 뚫고 나온 은행나무의 정수리가 보인다.

광안리주택
Gwangalli House

김병찬, 강민주, 김덕모 | 2016
수영구 광안로21번길 9(광안동)

오래된 주택가에 흰색 건물이 들어섰다. 사선이 많은 생경한 형태의 이 건물은 한국예술종합학교 교수이기도 한 건축가 김병찬과 아뜰리에에이도스의 건축가 강민주, 김덕모의 공동 작업으로 설계되었다. 외벽 아래위에 사선이 많은 모양새가 펭귄을 닮았다고 하여 준공 직후까지 길 잃은 펭귄이라는 뜻의 '로스트펭귄'으로 불리기도 했다. 1층은 레스토랑, 2-3층은 게스트하우스 겸 사무 공간, 4층은 옥탑방을 가진 주거 공간으로 구성되어 있다. 1층 도로면에서 시작된 계단은 건물을 감싸듯 연속되어 4층 주거 공간까지 긴 길을 형성하고 있다. 고깔 모양 최상층의 좁은 공간에는 삼면 테라스를 가진 부엌 겸 식당을 중심으로 작은방과 화장실이 배치되어 있고, 철제 원형 계단으로 오른 옥탑 공간에는 아지트 같은 거실 공간이 있다. 사선의 콘크리트 벽을 따라 사면에 뚫어놓은 창으로 이웃한 집과 고층 아파트와 하늘과 광안대교가 보인다.

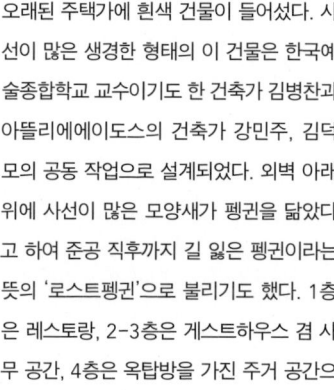

해운대구 1

센텀시티 일대

HAEUNDAE-GU 1
CENTUM CITY AREA

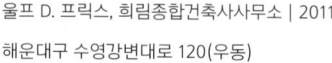

영화의전당
Busan Cinema Center

울프 D. 프릭스, 희림종합건축사사무소 | 2011
해운대구 수영강변대로 120(우동)

부산국제영화제 전용관 영화의전당은 국제
건축 현상공모에 당선된 오스트리아 건축
회사 쿱힘멜블라우(Coop Himmelblau)
의 울프 D. 프릭스(Wolf D. Prix) 설계에
따라 지난 2008년에 완공되었다. 규모나
건물의 형태미가 세계에 내놓을 만한 부산
의 랜드마크라 할 수 있다. 옛 수영비행장
의 차가운 시멘트 땅 위에 문화의 첨병인 영
화의전당이 건립된다는 것 자체로 건립 당
시에는 천지개벽이었다고 할 수 있다. 건축
가는 땅의 표피를 뚫고 솟구쳐 오르는 융기
와 침강의 지각 변동을 건물의 형상에 대입
해 창의적 디자인을 제시했다. 짙은 회색의
외벽에 비뚤비뚤 경사진 덩어리가 결합되
고, 어긋나게 얹혀 있는 대형 지붕이 공중에
솟구쳐 오른 모습이다. 그래서 이름도 '시네

마운틴' '비프힐' '빅루프' '스몰루프' 등으로
지었다. 특히 기둥이 없는 거대한 지붕을 표
현하기 위해 매우 실험적인 구조 기법을 채
택했다. 무려 길이 163미터, 너비 61미터
의 축구장 1.5배 규모에 무게는 4,000톤이
나 되는 울트라 지붕을 꽈배기 같은 더블 콘
(double cone) 구조물이 지탱하고 있다.
세계 최장의 캔틸레버(cantilever) 구조로
인정받아 기네스에 등재되기도 했다. 거대
한 곡면 천장에서 연출되는 야간의 디지털
아트 조명 연출 또한 환상적이다. 시네마운
틴과 더블 콘을 공중에서 잇는 다리도 독특
한 경험을 선사하며, 시네마운틴 6층 대기
홀에서 야외 극장이 있는 발코니 쪽으로 나
가 주변을 내려다보는 것도 흥미로운 체험
이다. 그리고 비프힐 2층 자료실에서 지나
간 예술영화를 찾아보는 것도 빼놓을 수 없
는 즐거움이다. 인테리어 디자이너 김백선
이 설계한 더블 콘 최상층 '식당120'의 공간
처리 방식도 눈여겨볼 만하다.

벡스코
BEXCO

파크듀란트인터내셔널, 일신설계종합건축사무소 | 2001

해운대구 APEC로 55(우동)

벡스코는 부산전시컨벤션센터(Busan Exhibition & Convention Center)를 줄여 부르는 이름으로, 국내외 대형 전시 행사와 국제 회의 및 세미나가 열리는 건물이다. 그동안 모터쇼, 국제게임전시회, 월드컵 조추첨 행사, APEC 정상회의, ITU 전권회의 등을 소화하며 부산의 마이스(MICE) 산업을 이끌고 있다. 2001년에 건립된 제1전시장은 1,800여 개의 부스 설치가 가능한 단층 무주(無柱) 전시장으로 축구장 3배 넓이인 2만 6,446제곱미터에 이른다. 전시실 앞의 로비 공간인 '글래스홀(Glass Hall)'은 유려하게 휘어진 곡면 강화유리로 전체를 마감했다. 전 층이 수직으로 개방되어 자연 채광의 유입이 좋다. 바깥에서 글래스홀의 형태를 보면 펼친 새의 한쪽 날개 모양을 하고 있

어 웅비하는 느낌을 전달한다. 2012년에 추가로 개관한 제2전시장도 3개 층으로 총 규모가 2만 제곱미터에 달하고, 오디토리엄 (auditorium)은 4,000여 석의 객석을 가진 프로시니엄(proscenium) 형식의 극장 구조로 되어 있어 대규모 문화 공연 및 회의가 가능하다.

디오임플란트
DIO Implant

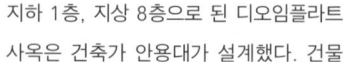

안용대 | 2008

해운대구 센텀서로 66(우동)

지하 1층, 지상 8층으로 된 디오임플란트 사옥은 건축가 안용대가 설계했다. 건물은 저층부의 육중한 매스 위에 상층부 매스를 얹어놓은 모습이다. 생산 공장이 배치된 1-3층의 저층부는 견고한 외벽 마감으로 처리해 폐쇄적이며 내부 지향적이다. 업무 및 연구 공간과 부대시설이 있는 4-8층의 고층부는 솔리드(solid)와 보이드(void)가 적절히 결합되어 역동적이다. 강렬한 인상의 외부와 달리 내부에서는 자연을 접할 기회를 많이 제공한다. 빌딩의 정중앙을 수직으로 관통하는 중정에는 '물의 정원'을 두었고, 4층 사무 공간 바깥에는 'ㄷ'자형으로 정원이 둘러싸고 있다. 각 층 어디서나 중정을 통해 스며들어오는 자연의 빛, 비, 바람을 접할 수 있다. 중정을 향하는 누드 엘리베이터는 이 같은 장점을 극대화한다.

부산시립미술관
Busan Metropolitan Art Center

일신설계종합건축사사무소 | 1998

해운대구 APEC로 58(우동)

벡스코 길 건너편에 화강석과 은색 알루미늄 패널로 마감한 부산시립미술관이 있다. 적지 않은 규모에도 4개의 날렵하게 분절된 사각형 덩어리 처리 방식으로 시각적 부담을 줄였다. 사무실이 있는 하부는 거대한 파동처럼 굴곡진 벽면으로 되어 있고, 직방형의 최상단부는 'V'자형으로 형태적 특징을 부여했다. 매스와 매스 사이를 잇는 매개 공간에는 창을 두어 자연 채광이 유입되는 로비나 전시 공간, 테라스 정원 등으로 활용하고 있다. 닫힌 공간과 열린 공간이 반복 배치되는 동측 외관 마지막 부분의 벽면에는 곡선이 적극적으로 도입되어 있다. 강직하고 절제된 직선과 물결치는 듯한 곡면이 건물 외벽과 옥외 스텝 가든(step garden)에 적용되었다. 지상 3개 층의 실내 공간에는 16개의 전시실과 연구실, 강당, 도서자료실, 아트숍 등이 있고, 지하 1층에는 수장고, 어린이미술관, 강당, 미술정보센터 등으로 구성되어 있다.

부산디자인센터
Busan Design Center
희림종합건축사사무소, 씨앤티종합건축사사무소 | 2006

해운대구 센텀동로 57(우동)

부산디자인센터는 디자인 산업의 활성화를 위한 기업 지원과 인력 양성 등을 맡아 추진하는 기관으로 2007년에 개원했다. 이 건물은 해양 수도라는 지역적 특성을 반영해 범선 형태를 모티브로 차용했다. 건물을 대지의 동남쪽으로 바짝 붙여 배치함으로써 전면에 행사가 가능한 광장을 확보했다. 내부는 1층에 높은 천장과 열주로 된 넓은 로비와 전시실이 있고, 그 위로 세미나실, 디자인체험관, 디자인자료실, 창의디자인체험교실, 행정지원실, 이벤트홀 등이 층별로 자리 잡고 있다. 특히 디자인 체험관에는 유니버설 디자인, 감성 디자인, 에코 디자인 등 주제별 디자인 제품들이 소개되어 있고, 필립 스탁(Philippe Starck)의 '주

시 살리프(Jucy Salif)', 알렉산드로 멘디니(Alessandro Mendini)의 와인 오프너 '안나 G(Anna G)', 애플(Apple) 사의 초기 제품 등을 볼 수 있다.

건축가 최광식이 설계한 센텀119안전센터는 소방서 하면 떠오르는 통상적인 형태를 탈피했다. 현무암과 푸른색 유리, 붉은색 패널의 조합은 시각적으로 강렬한 인상이다. 더욱이 필로티 상부 매스에서 속도감이 느껴지도록 사선 요소를 많이 반영했다. 건물 중앙부에 중정을 두어 근무자에게 휴게 공간뿐 아니라 열린 조망을 제공한다. 내부 공간에는 진압사무실, 구조사무실, 시뮬레이션장, CPR체험장 등을 갖추고 있으며, 24시간 상주 근무하는 소방대원의 대기 공간은 조망이 좋은 남측에 배치했다.

센텀119안전센터
119 Fire Emergence in Centum

최광식 | 2013

해운대구 센텀동로 50(우동)

성모안과병원 신관
Sungmo Eye Hospital

박희준, 이헌재 | 2004

해운대구 해운대로 409(우동)

성모안과병원 신관은 목전건축사사무소의 건축가 박희준이 설계하고, 아소갤러리 등 선 굵은 디자인 작업을 해온 이헌재가 인테리어를 맡았다. 해운대로 들어서는 대로변 9층짜리 건물임에도 자기 존재를 드러내려는 허세 없이 주변의 혼잡스러운 환경 속에 하나의 단순한 조형물처럼 세워져 있다. 반듯하게 조각된 직사각형 덩어리에 크고 작은 창을 불규칙하게 파내어 하나의 현대 추상 작품을 대면하는 듯하다. 특히 7, 8층에 걸쳐 안으로 파 들어간 발코니로 시각적 특징을 주었다. 층별로 수납, 검사, 진료, 상담, 수술, 입원, 행정 등 안과전문병원에 필요한 기능을 부여하면서도, 대기의 혼잡스러움과 환자의 심리적 불안감을 해소하기 위한 친근한 인테리어를 적용했다. 은은한 단색조에 목재 마감과 간접 조명, 반투명 우윳빛 유리 등을 곳곳에 적용해 눈의 피로가 느껴지지 않도록 배려했다. 1층 출입구 유리벽에 설치한 폭 6미터, 높이 3미터의 LED로 만든 '미디어 윈도 갤러리'는 움직이는 디지털 예술품으로 도시의 흐름에 활력을 불어넣는다.

신세계백화점 센텀시티점
Shinsegae Department Store Centum City

캘리슨, 해안종합건축사사무소 | 2009

해운대구 센텀남대로 35(우동)

신세계백화점은 부산의 신개발 구역인 센텀시티 초입에 위치해 랜드마크 역할을 톡톡히 하고 있다. 2009년 3월에 개관한 뒤 그해 6월에 '세계 최대 규모의 백화점'이라는 기록으로 기네스북에 등재되었다. 연면적 29만 4,000여 제곱미터에 달하는 큰 규모의 건축설계를 맡은 곳은 미국의 설계 회사 캘리슨(Callison)이다. 매머드급 덩치 때문에 둔중한 면이 없진 않지만, 그럼에도 외장 재료로 사용된 고급 석재는 태양 광선을 은은하게 반사하며 건물의 웅장함과 클래식한 전통미를 드러낸다. 또한 강철 프레임 위에 유연한 곡면 유리벽으로 마감한 전면도로 측 커튼월에서는 개방감과 역동성이 느껴진다. 백화점 로비의 거대한 보이드 역시 웅장함과 개방감을 동시에 느끼게 하는 디자인 요소다. 보이드를 통해 1층에서 9층 사이를 오르내리는 쇼핑객의 움직임을 한눈에 볼 수 있으며, 고개를 들어 최상층의 타원형 천창에서 떨어지는 자연 채광의 변화도 볼 수 있다. 백화점은 영화관, 아이스링크, 골프레인지, 스파, 문화센터, 옥상공원 등 다양한 레저와 문화 시설을 복합적으로 수용하고 있다. 특히 일본의 유명 인테리어 디자이너 하시모토 유키오(橋本夕紀夫)가 설계한 '스파랜드'는 3개 층 8,000여 제곱미터에 달하는 거대 규모의 실내 휴양 시설로, 한국식 찜질방과 선베드(sunbed)가 나열된 리조트풍 휴게 공간이 적절히 섞여 있다. 2층에는 'SEV룸' '웨이브드림룸' '피라미드룸' '발리룸' '하맘룸' '로만룸' 등 동서고금에서 검증되어온 각종 사우나 방식을 응용한 테마형 테라피 공간으로 꾸며져 있다.

부산문화콘텐츠콤플렉스
Busan Cultural

Contents Complex

일신설계종합건축사사무소 | 2008
해운대구 수영강변대로 140(우동)

부산문화콘텐츠콤플렉스는 부산의 영화영
상 산업과 문화콘텐츠 산업이 벨트를 이루
고 있는 센텀문화산업진흥지구 안에 위치한
다. 건물 앞뒤로 잔디마당을 꾸며 자연스러
운 진입을 유도했고, 마당과 연결된 옥외 계
단을 오르면 시야가 시원스레 뚫린 2층의
넓은 내부 광장을 만나게 된다. 꺾인 형태의
건물 외관에는 유리면 위에 철망을 덧대는
더블 스킨 방식으로 역동적인 흐름을 더욱
강조하는 디자인을 적용했다. 국내 정상 수
준의 온라인 게임 제작 및 배급사 넥슨커뮤
니케이션즈를 비롯해 영상콘텐츠, 애니메이
션, 게임 관련 기업이 2층과 6-9층에 입주
해 있다. 사무 기능을 지원하기 위한 공동회
의실, 미팅룸, 프레젠테이션실, 126석 규모
의 컨퍼런스홀뿐 아니라 휘트니스센터, 레
스토랑 등의 편의 시설도 갖추고 있다. 일반
인이 이용할 수 있는 공간으로는 창업 희망
자를 지원하기 위한 '콘텐츠코리아랩'이 있
다. 창의적 인테리어가 적용된 이 공간은 회
의실, 미팅 및 제품 전시 공간, 지원 사무실
등으로 구성되어 있다. 또 일반인이 이용할
수 있는 공간으로는 넥슨이 기업의 사회 공
헌 차원에서 개발한 디지털 감성 놀이터 '더
놀자'가 있다. 최첨단 디지털 기술을 활용
해 만든 14개의 체험 공간은 아이들이 온몸
으로 느끼고 뛰어놀 수 있게 구성되어 있다.
'더놀자' 옆에 꾸며진 '아츠랩(Arts Lab)'에
서는 아이들을 대상으로 미술, 언어, 과학,
음악 등 다양한 장르를 접목시켜 만든 독자
적 문화교육 프로그램도 운영하고 있다.

이우환공간
Space Lee Ufan

이우환, 안용대 | 2015
해운대구 APEC로 58(우동)

현대미술 거장 이우환 화백의 상설 미술관
이 부산시립미술관의 별관으로 건립되었
다. 모노파(物派) 창시자이기도 한 그의 작
품을 담아낼 작지만 최적의 공간이다. 처음
부터 전시될 작품을 고려해 전시실을 치밀
하게 구성했고, 다른 군더더기는 일체 배제
하기 위해 이우환이 건축설계에 직접 참여
했다. 검은 유리로 마감된 간결한 직사각형
건물 자체가 이미 하나의 추상 세계의 공간
임을 암시하고 있다. 외부와 달리 내부는 온
통 흰색 공간이다. 흰색 벽면은 오롯이 나무
와 돌, 철판, 철봉으로 된 오브제를 위한 캔
버스가 된다. 관람객은 흰 공간과 오브제 간

의 말없는 대화가 이루어지는 거대한 작품 속으로 들어와 있는 듯한 느낌을 받는다. 2층에는 '점으로부터' '선으로부터' 등 이우환의 대형 회화 작품을 대면하고 여백에 담겨 있는 의미를 곱씹어 생각하게 한다. 특히 풍만한 자연 채광이 천장으로부터 떨어지는 2층 중앙홀에서는 잠시 사색에 빠지게 한다. 1층과 2층을 잇는 직선 계단을 오르내리는 것도 감흥이 있다. 유리 너머로 전시관 앞의 잔디마당과 그의 오브제 작품을 내려다보면서 현실과의 '관계항(relatum)'에 대한 작가의 고민에 한걸음 다가서게 된다.

WBC더팰리스
WBC The Palace

FOA | 2011

해운대구 센텀1로 28(우동)

국내 고층 빌딩 가운데 다섯 번째로 높은 WBC더팰리스는 요코하마국제선터미널(Yokohama International Port Terminal) 등을 설계한 영국의 건축설계사무소 FOA(Foreign Office Architects)가 설계했다. 지상 51층 규모에 총 288실을 보유한 이 건물은 두 동으로 된 쌍둥이 빌딩이다. 건물의 사방면에 돌출 부위를 층별로 어긋나게 반복시켜 독특한 외관이 만들어졌다. 전 세대가 세 면으로 개방된 창을 통해 산, 강, 바다, 빌딩, 대교 등을 조망할 수 있다. 회색빛 돌로 마감한 기단부에는 피트니스센터, 사우나, 골프연습장, 북카페, 가족영화관, 게스트하우스, 공동 세탁실 등 다양한 부대시설을 갖추고 있으며, 1층 외부 전체는 데크로 만들어져 대규모 공원과 수변 공간이 조성되어 있다.

에이지웍스
AZworks

부산건축종합건축사사무소 | 2009

해운대구 센텀7로 6(우동)

에이지웍스는 부산영상후반작업시설의 위탁 운영 기관으로, 영화의 편집, 디지털 색보정, 컴퓨터그래픽, 영상복원, 녹음 등 최첨단 영상 후반 작업이 가능한 시설을 갖추고 있다. 국내 최고의 미디어 엔터테인먼트 기업으로 120여 명이 넘는 아티스트를 보유하고 있으며, 박찬욱 감독의 〈박쥐〉, 봉준호 감독의 〈마더〉, 최동훈 감독의 〈전우치〉 등이 이곳에서 후반 작업을 진행했다. 작업 공간이 있는 지상 4층 규모의 매스는, 전면을 투명성이 강조된 유리로 마감하고, 후면을 반도체 회로 패턴을 이미지화해 숱한 수직 틈을 가진 노출콘크리트로 마감했다. 그 옆으로는 사무 공간으로 이루어진 좁고 긴 형태의 매스가 붙어 있다. 마치 날개를 펼쳐 비약하듯 공중으로 길게 뻗어 있는 수평 지붕 슬래브와 지붕을 받치는 수십 개의 리드미컬한 원기둥 사이에 직사각형 매스가 매달려 있다. 이 경쾌한 형태 구성은 대지 앞 나루공원이나 수영강의 수평적 흐름과도 조화로워 시각적 즐거움을 선사한다.

해운대구 문화복합센터
Haeundae Cultural Center

부산건축종합건축사사무소,
한미건축종합건축사사무소 | 2013
해운대구 센텀중앙로 170(재송동)

유선형의 부드러운 외관을 가진 해운대구 문화복합센터는 2개의 매스로 분리되어 있다. 전면도로 왼쪽의 큰 덩어리에는 대강당이 있고, 오른쪽에서 후면까지 'ㄱ'자형으로 공중에 띄워져 있는 좁은 덩어리에는 통합민원창구와 각종 교육실이 있다. 두 매스 사이의 열린 공간은 주민들이 자유롭게 드나들 수 있는 진입 마당 역할을 한다. 특히 2층의 데크와 연결된 넓은 계단은 주민들이 많이 이용하는 도서관, 열람실, 체력단련실과 바로 이어진다. 계단 중간의 'V'자형 기둥은 공중에 떠 있는 상부 매스를 받치는 동시에 건물 전체의 이미지를 경쾌하게 만든다. 큰 매스의 외피는 하부의 유리 소재와 상부의 은색 알루미늄 패널이 물결 같은 유선형으로 맞물려 있다. 특히 알루미늄 패널에 크고 작은 타공 패턴을 넣어 파도가 부서져 산개하는 물보라를 연상케 한다. 대강당을 감싸 안듯 안으로 깊이 파 들어간 작은 매스의 모서리는 유선형으로 부드럽게 처리하고, 수직수평의 불규칙한 창을 배치해 시각적 흥미를 더한다. 내부에는 240석 규모의 대강당과 세미나실, 북카페, 역사관, 통합민원창구, 인문학도서관, 열람실, 동아리실, 헬스장, 어린이쉼터, 하늘정원 등이 있다.

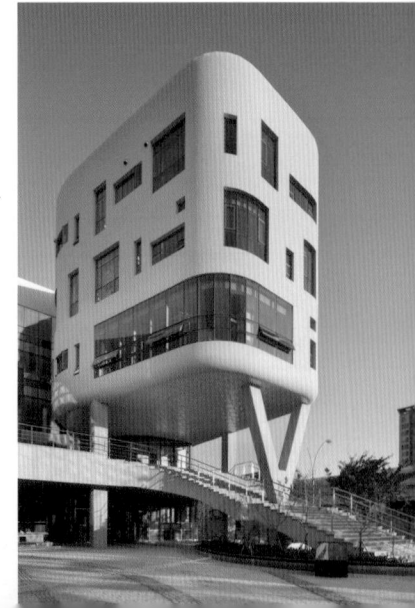

부산극동방송
Busan Far East Broadcasting Co.

승효상, 이동수 | 2010

해운대구 센텀중앙로 105(재송동)

건축가 승효상이 설계한 부산극동방송은 공개홀과 사무 공간을 분리 배치하고, 가운데를 열린 공간으로 설정한 것이 특징이다. 대지 왼쪽에 배치된 공개홀은 직사각형의 내부 벽면을 투명 유리가 다시 한 번 더 감싼 형태다. 대지 오른쪽에 붙여서 배치한 사무동은 밝은 단색조의 경량 콘크리트 패널과 유리, 검은색 페인트를 다양한 폭의 수직 패턴으로 리듬감 있게 배열했다. 내부가 들여다보일 만큼 투명성이 강조된 직사각형 공개홀 매스와 하나의 조각품처럼 비례가 좋은 사무동 매스는 대비되는 듯하면서도 서로 끌어당기는 힘이 느껴진다. 두 동의 기능적 연계를 위해 설치한 5층 다리는 인장력(引張力)을 가시적으로 보여준다. 준공 당시에는 두 동 사이에 2층으로 진입하는 넓은 계단이 있어 연속성과 긴장감을 주었으

나 공간 활용의 기능적 필요에 따라 얼마 지나지 않아 지금과 같은 주출입 로비로 증축 리모델링되었다. 내부에는 다목적홀과 사무실뿐 아니라 서점, 체력단련실, 친교실, 식당, 예배실, 게스트룸, 기도실 등의 종교 커뮤니티를 위한 공간도 갖추고 있다. 공개홀 로비 천장에 별빛처럼 조명을 무수히 설치한 것이나 내부 벽면과 천장에 적용한 자작나무 패턴 등에서 건축가의 세심한 디자인을 읽을 수 있다.

해운대구 2

마린시티 일대

HAEUNDAE-GU 2
MARINE CITY AREA

경계에서
생동의 결이
펄떡인다

해안을 따라 조성된 갈맷길을 걷다 보면 부산의
에지(edge), 즉 경계부에 매료된다. 리아스식 해변의
들쭉날쭉한 길을 따라 무한가지의 색을 띤 바다와
기암절벽을 만나노라면 가슴이 뻥 뚫리는 즐거움을
느낀다. 돌아 나온 어느 길에서는 바다가 아닌 도시의
경관을 역으로 바라볼 수 있어서 발걸음을 멈추게 된다.
항만 시설이 보이고, 바다를 가로질러 달리는 교량이
보이고, 산복도로의 빼곡한 집이 보이고, 군집해 멋을
뽐내는 고층 빌딩도 보인다. 가장자리에 서면 다이나믹한
결의 흐름을 쉽게 감지할 수 있다. 뭍과 물이, 자연과
인공이, 문화와 문화가 충돌하는 경계에서는 생동의
결이 펄떡인다. 여기도 저기도 아닌 애매모호한
상태이기도 하지만, 잘 융합해 전연 새로운 것을 도출할
가능성이 다분한 것도 경계가 가지는 강점이다.

더베이101

The Bay 101

이호범, 정형탁 | 2014

해운대구 동백로 52(우동)

더베이101은 신축되자마자 부산을 대표하는 관광코스로 급부상했다. 그야말로 '핫플레이스'다. 외관은 잘게 쪼갠 흰색 프레임으로 건물 전체를 포장한 형태다. 바다의 잔잔한 은빛 물결을 바라보듯 무한 반복의 좁은 수직 유리면으로 내외부를 투영해 바라보게 된다. 내부에서 비치는 빛과 그림자는 외부인의 궁금증을 유발하고, 외부의 경관은 프레임이 액자가 되어 내부인의 시선에 들어온다. 넓게 펼쳐진 야외 마당은 유럽의 광장 문화가 부럽지 않은 공간이다. 바다와 마천루 빌딩을 동시에 조망할 수 있는 경험은 시간과 공간에 대한 일탈마저 느끼게 한다. 1층 펍과 카페의 경계 역시 뚜렷하게 구분되어 있지 않으며, 트렌디한 제품을 모아놓은 편집숍도 묘하게 뒤섞여 있다. 기왓장과 노출콘크리트로 결을 강조한 2층 로비의 벽면 디자인에도 공간의 개성이 가득 표현되어 있다. 목재 데크 위에 테이블을 배치한 옥상 노천카페에서는 밤바다와 마린시티의 야경, 하늘의 별빛을 동시에 누릴 수 있다. 거뭇거뭇 해거름이 내려앉고 바다 건너편 초고층 빌딩 숲의 불빛이 하나둘 켜지는 모습은 인위적으로 연출하기 어려운 이곳만의 독특한 조망이다.

누리마루 APEC하우스

Nurimaru APEC House

일신설계종합건축사사무소 | 2005

해운대구 동백로 116(우동)

누리마루 APEC하우스는 2005년 아시아
태평양경제협력체(APEC) 정상회의 주회
의장으로 건립되었으나, 지금은 국내외 관
광객에게 개방되어 있다. 동백공원 산책로
를 휘돌아가는 정점에 있는 이 건물은 한국
전통 정자처럼 돔 형태의 지붕이 기울어진
기둥들에 지지되어 있다. 이 같은 형태에는
자연 지형의 훼손을 최소화하겠다는 의지도
담겨 있다. 내부 곳곳에서도 한국 전통 건축
의 특징을 현대적으로 재해석해 적용한 디
자인을 발견할 수 있다. 석굴암 천장을 모티
브로 한 정상회의장, 구름 모양을 형상화한
오찬장, 전통 단청색을 입혀놓은 로비 천장,
대청마루 같은 로비 바닥 등이 그것이다.

해운대두산위브더제니스

Haeundae We've the Zenith

디스테파노앤드파트너스 | 2011

해운대구 마린시티2로 33(우동)

해운대두산위브더제니스는 부산의 신부촌 마린시티, 그중에서도 아이파크&파크하얏트호텔과 함께 이 지역의 대표적인 초고층 이미지를 구축하고 있다. 70층, 75층, 80층의 주거 시설 세 동과 오피스 시설 한 동이 하늘로 치솟으며 새로운 스카이라인을 형성한다. 최고층인 80층은 지상에서 301미터 높이로 부산에서 가장 높고, 전국에서는 313미터인 인천 동북아트레이드타워 다음으로 높다. 꽃이 피어나는 듯한 상층부와 물이 흐르는 듯 곡면으로 이어지는 빼어난 외관의 주거 단지 설계는 세계적인 건축설계사 디스테파노앤드파트너스(De Stefano & Partners)가 맡았다. 9층 상업 시설인 '제니스스퀘어'의 설계는 저디파트너십(The Jerde Partnership)이 책임을 맡았고, 단지의 전체 조경 설계는 미국의 디즈니월드 등을 진두지휘한 SWA그룹이 담당했다. 낮에는 해운대 앞바다, 밤에는 광안대교와 부산의 야경을 모두 즐길 수 있는 환상적인 조망권을 가지고 있다. 특히 최상층 펜트하우스는 집안 어디에서든 바다가 내려다보이도록 설계되었다. 또한 각 건물의 31층에 위치한 게스트하우스는 한실, 양실, 일실을 테마로 꾸며져 입주민들에게 인기가 높다.

팔레드시즈
Pale De CZ

파크듀란트인터내셔널 | 2008
해운대구 해운대해변로298번길 24(중동)

팔레드시즈는 해운대 해변을 끼고 있는 콘도미니엄(condominium) 시설로 세계적인 설계사 파커듀란트인터내셔널(Parker Durrant International)에서 디자인했다. 지상 17층 규모에 300여 개 객실을 보유한 이곳은, 네 동으로 나뉘어 대지의 네 모서리에 각각 배치되어 있으며 가운데를 비워 개방감을 확보했다. 통행을 위해 완전히 개방한 1층 옥외 로비에 서면 바다가 바로 앞에 펼쳐진다. 건물 외관은 전체 커튼월을 삿갓 모양으로 약간씩 돌출시킨 뒤 두 가지 색조를 번갈아 적용한 디자인으로 파도치는 물결의 리듬을 표현하고 있다. 오션 뷰를 만끽할 수 있는 객실과 고급형 실내수영장, 골프 연습장, 피트니스, 옥상정원 등을 갖추고 있다. 또한 지하에는 해산물 뷔페 식당이, 1층에는 작지만 인테리어가 좋은 펍과 레스토랑이 있다.

파라다이스호텔
Paradise Hotel Busan

김종성 | 1987(본관), 1999(신관)

해운대구 해운대해변로 296(중동)

파라다이스호텔은 해운대 해수욕장을 바로 전면에 두고 있는 특1급 호텔이다. 서울건축종합건축사사무소 대표 김종성의 설계로 1987년에 완공되었으며, 외관에서 보이는 간결한 격자 패턴에서 건축가의 합리주의적 미의식을 읽을 수 있다. 다리로 연결되어 있는 본관과 신관에는 모두 500여 객실과 10여 레스토랑 및 라운지가 층별로 배치되어 있으며, 사우나와 수영장 등의 편의 시설도 갖추고 있다. 특히 4층 옥외 테라스에 꾸며진 '씨메르스파'는 하늘과 바다를 동시에 누릴 수 있는 노천온천이다. 해송과 향나무로 꾸며진 개인 정원과 같은 배치는 자연으로 돌아간 듯한 느낌을 전달한다. 특히 해가 진 뒤 형형색색 낭만적으로 빛나는 조명 아래에서 즐기는 스파는 밤바다의 깊은 정취를 느낄 수 있어 더욱 매력적이다.

경관은 도시의
격을 높인다

도시의 매력을 가늠하는 주요한 잣대 가운데 하나는
최상의 경관이다. 시드니, 홍콩, 싱가포르, 나폴리,
뉴욕 등 이들처럼 세계의 매력적인 도시 하면
최우선으로 떠오르는 이미지가 무엇인가. 대체로 눈을
황홀케 하는 멋진 경관이 제일 먼저 생각날 것이다.
그곳은 하나의 장소를 뛰어넘어 도시의 격을 한층
높일뿐더러 도시에 대한 전체 이미지로 여겨지기까지
한다. 그렇기에 경관을 조망할 수 있는 매력적인
장소를 애써 찾아낼 필요가 있다.

아이파크&파크하얏트호텔
IPARK & Park Hyatt Hotel

다니엘 리베스킨트, 건원종합건축사사무소 | 2011
해운대구 마린시티2로 38(우동)

해운대 마린시티에 위치한 초고층 주상 복합 단지 아이파크&파크하얏트호텔은 세계적 건축가 다니엘 리베스킨트(Daniel Libeskind)가 기본 설계를 맡았다. 최고 높이가 지상 72층인 아이파크 세 동과 파크하얏트호텔 한 동, 그리고 상업 시설 두 동으로 구성되어 있다. 마린시티의 초고층 빌딩 군 속에서도 요트의 돛을 형상화해 휘어진 통유리 마감으로 디자인한 이 건물들은 단연 돋보인다. 호텔은 조망이 좋은 최상층에 로비와 라운지를 배치했는데, 특히 30층 라운지에는 곡면 유리를 따라 모든 테이블이 외부를 조망할 수 있게 공간을 꾸몄다. 창에 붙어 있는 바(bar) 형태의 테이블과 다양하게 배치된 좌석을 자유롭게 선택할 수 있다.

투명 난간으로 된 계단을 따라 윗층으로 올라가면 식사 공간인 '리빙룸'이 나온다. 세계적인 인테리어 회사 슈퍼포테이토(Super Potato)에서 디자인 한 공간으로 이색적이면서도 편안한 느낌을 준다. 한국 전통 가옥의 요소를 매우 세련된 감각으로 재해석했지만 너무 진지하거나 무겁지 않고 오히려 해학과 예술의 경계에서 고급스러운 대중성이 무엇인지 제대로 보여준다. 기왓장 및 빗살무늬 미닫이를 활용한 장식이나 오래된 고서를 층층이 쌓아 올린 벽, 크고 작은 그릇과 전통 가구, 자물쇠를 엮어 진열한 유리벽 등 모던과 오리엔탈을 비벼 고급스럽게 디자인했다.

조각보박물관
Juchun Museum

남양산업개발 | 2006

해운대구 좌동순환로 25-1(좌동)

국내 유일의 조각보박물관은 주천 김순향의 작품을 전시하는 사립 박물관이다. 박물관에 전시되어 있는 장인의 작품은 하나같이 인고의 시간과 창작의 열의를 담고 있다. 박물관 2층에는 주천문화원을 같이 두어 다도와 침선, 전통 예절에 대한 나눔과 교육을 수행하고 있다. 각종 다기와 소반, 좌식 테이블, 병풍이 조각보와 한데 어우러져 전통문화를 전수하기에 안성맞춤인 공간이다.

고은사진미술관 신관
Goeun Museum of Photography

정준영 | 1997

고은문화재단 | 2011(리모델링)

해운대구 해운대로452번길 16(우동)

고은사진미술관은 적벽돌 외벽 위로 초록담쟁이가 더부살이 하는 곳으로, 프랑스문화원 아트스페이스를 마주하고 있다. 1층에 들어서면 왼쪽 벽면에 세계 사진사가 연표로 정리되어 있고, 오른쪽에 아트숍과 인포메이션이 개방적으로 이어져 있다. 창밖의 초록빛 그림자가 유리창으로 투과되는 계단실을 오르면 박공천장 아래 흰색과 회색 벽으로 꾸며진 전시 공간에 당도한다. 길쭉한 전시 공간에는 레일 조명이 설치되어 있어 어떤 전시에도 활용하기 용이하다. 목재 데크로 된 야외 테라스는 도심 속 여유를 선사한다. 인근 숲의 새소리와 흙 소반에 담긴 꽃의 하늘거림이 마음을 위로한다.

젠스시

Zen Sushi

이장민 | 2014

해운대구 대천로42번길 28-5(중동)

부산의 유명한 일식당 젠스시의 새 건물은
인제대학교 교수이기도 한 건축가 이장민의
설계로 해운대 신시가지의 이면도로에 세
워졌다. 기존 일식당의 장식적 분위기와 사
뭇 다르게 정갈한 건물 매스와 내부 공간으
로 디자인되어 있다. 짙은 갈색 치장 벽돌과
흰색 드라이비트(drivit)로 마감된 외형은
중앙의 진입 계단에서 서로 엇물리게 처리
되어 대비 효과를 준다. 절제된 외부 형태와
달리 실내 공간은 다양한 형태의 창문으로
풍성한 느낌이다. 2층 홀에는 천창과 함께
테이블보다 낮은 곳에 수평으로 긴 창을 두
었고, 각 룸으로 진입하는 3층 복도는 중앙
의 긴 중정을 향해 환하게 열린 공간으로 이
루어져 있다. 노출콘크리트와 치장 벽돌, 목

재, 흰색 페인트, 투명 유리 등의 소재로 마
감된 인테리어는 그야말로 젠 스타일(Zen
style)이며, 특히 요리사와 대면하는 2층의
가운데 공간에는 목재 루버(louver)와 바리
솔(barrisol) 조명, 치장 벽돌과 간접 조명
이 담백하게 어우러져 있어 시각적 즐거움
을 더한다.

온누리교회
Onnuri Methodist Church

임성필 | 2010

해운대구 대천로 98(좌동)

해운대 신도시의 정연한 길과 구불구불한 시장 골목길이 만나는 지점에 온누리교회가 들어서 있다. 대지 전면은 4차선 대로변과 마주하고 있어 반듯하지만 후면은 다각형으로 생겼다. 건축가 임성필은 대지 형태를 그대로 받아들여 그 위에 건물을 세우고, 늘 사람들이 지나던 주변 길을 교회 내부로 끌어들였다. 건물을 옆에서 보면 넓은 판벽을 몇 번 비스듬하게 꺾어서 감아올린 듯한 모습이다. 건축가는 이에 대해 '온누리를 감싸 안은 벽'이라고 설명했다. 수직으로 우뚝 세워진 노출콘크리트 십자가탑과 다면체의 비정형 본관은 서로를 지탱하고 있으며, 'V'자형으로 벌어진 틈 사이에는 예배당으로 오르는 계단이 있다. 대예배당 역시 외관을 닮아 다면체의 부채꼴이다. 성도석이 좌우로 넓게 펼쳐져 어디서든 강대상(講臺床)과의 거리는 일정하게 유지된다. 기존 대형 교회의 장축(長軸) 배치가 가진 기능적, 이분법적 문제를 간단히 해결한 것이다. 3층과 4층의 중층 성도석에서도 강대상은 바로 앞에 있는 듯 가깝게 보인다. 교회 곳곳의 빛 처리 방식에서도 건축가의 세심한 손길을 느낄 수 있다. 강대상 후면에는 측벽으로부터 스며드는 은은한 빛을 도입했고, 로비의 거친 돌벽 사이에는 위로부터 흘러내리는 빛으로 극적인 효과를 주었다. 빛의 클라이맥스는 옥상에서 펼쳐진다. 목재 데크와 잔디마당으로 구성된 하늘광장의 찬란한 빛은 야외 예배당과 안식의 공간을 제공한다. 이 같은 건축가의 의도적 장치는 큰 덩어리의 외관에 끌로 찍어내듯 파 들어가 있는 절제된 창에 이미 선언적으로 표현되어 있다.

오산교회
Ohsan Church

이은석 | 2014

해운대구 좌동순환로412번길 8(중동)

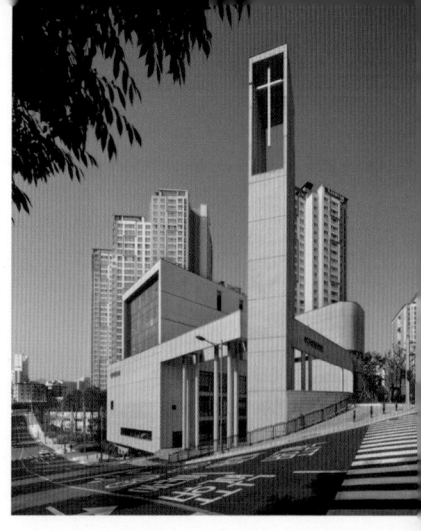

오산교회는 국내 개신교회를 100여 개 설계한 경희대학교 교수 겸 건축가 이은석이 맡았다. 본당과 부속실을 갖춘 'ㄱ'자형 건물에 앞마당을 둘러싸는 종탑과 열주 형식을 추가해 정사각형의 대지를 정의했다. 대지보다 2개 층 정도 높은 경사도로가 만들어낸 옹벽과 'ㄱ'자로 꺾인 건물 덕에 마당은 하늘이 열린 아늑한 뜰이 되었다. 이 뜰은 교인들의 친교 공간인 동시에 바자회 등 행사가 이루어지는 지역민에게 열린 공간이다. 마당을 보며 오르내릴 수 있는 실내 경사로는 예배당을 향하는 경건한 마음과 세상을 향해 나아가는 사색의 길이 되어준다. 예배당 내부는 720석의 아담한 규모다. 교회의 전체 규모로 봤을 때 그렇게 크지 않다. 그러나 단형으로 처리된 바닥이나 롱샹성당의 우물창을 닮은 벽면 창은 공간의 밀도를 높이며, 신도들이 예배에 더욱 몰입할 수 있게 한다.

D&M디자인 사옥
D & M Design

김은정 | 2015

해운대구 좌동순환로8번길 62(중동)

라스 공간은 파티용 공간으로 최적이다. 도로사선제한의 한계를 역으로 활용한 5층의 사무실 공간에는 도시 조망이 가능한 잔디마당이 소담스레 꾸며져 있다.

D&M디자인은 호텔, 웨딩, 뷔페, 레스토랑 등의 프로젝트에서 독특한 공간 기획과 세련된 마감으로 주목받고 있는 인테리어 전문 업체이다. 직접 디자인해 만든 사옥은 해운대의 오래된 동네에 이면도로를 끼고 건립되었다. 수평수직의 분절에 따라 아기자기한 외형으로 주변 맥락에 순응하면서도, 공중에 떠 있는 듯한 박스 형태의 매스는 디자인 사옥의 아이덴티티를 표출한다. 중층 구조로 된 1, 2층은 이벤트홀로써 다양한 용도로 변용 가능하고, 폴딩 도어, 어닝(awning) 등으로 정의된 4층의 가변적 테

해운대구 3

달맞이언덕 일대

조현화랑
Johyun Gallery

최정화 | 2005

해운대구 달맞이길65번길 171(중동)

조현화랑은 해운대 달맞이언덕 오르막을 휘돌아가는 정점에 위치해 있다. 외형은 콘크리트와 유리로 마감된 정방형의 정갈한 디자인이다. 그러나 내부 공간으로 들어서면, 하얗게 칠한 넓은 벽에 난 창과 천장의 광창을 통해 들어오는 빛이 더해져 마치 백자를 대면하는 듯 풍성한 여백의 미가 느껴진다. 공간의 너비와 높이는 전시실마다 변화를 주어 관람자와 작품 사이에 적절한 긴장감이 감돈다. 거기에 더해, 창을 통해 공간 안으로 스며드는 빛은 잠재되어 있던 의식과 정서를 한순간에 여는 매개가 된다.

메르시엘
Merciel

유다은, 정순근 | 2012

해운대구 달맞이길65번길 154(중동)

해운대 바다 조망이 좋기로 유명한 메르시엘의 지하 1층에는 '메르시엘 비스'라는 갤러리와 아트숍이 자리 잡고 있으며, 지상 1층에는 정통 프렌치 레스토랑, 2층에는 편안한 양식당이 있다. 이 복합 공간의 진입로는 입구를 제외한 전체를 밝은 대리석으로 마감해 매스의 조형적 특징을 강하게 드러내는 반면, 바다를 향한 벽면은 최대한 유리로 마감해 조망을 강조했다. 1층 레스토랑의 실내가 여백의 미와 품격이 느껴지는 인테리어를 지향했다면, 2층은 유리 난간과 목재 데크로 된 야외 테라스의 시원한 디자인으로 방문객의 만족도를 높인다.

쎄덱 부산점

SEDEC in Busan

장 미셸 빌모트 | 2009

해운대구 달맞이길 133(중동)

지금은 홈스타일링 업체 쎄덱의 부산점이 된 이 건물은, 원래 코리아아트센터라는 갤러리로 만들어졌다. 가나아트센터와 인천국제공항 등을 디자인한 프랑스 건축가 장 미셸 빌모트(Jean Michel Willmotte)의 작품으로, '도시 풍경의 내부화'라는 그의 평소 철학이 잘 반영되어 있다. 바다와 산이 만나는 경계에 땅을 벌여 인공의 건물을 끼워 넣었다. 그리고 순수한 콘크리트 물성 그대로에 가로로 긴 창을 내어 마주하고 있는 바다와 도시의 원경을 내다보게 했다. 입구의 넓은 홀을 거쳐 1층 전시장에 들어서면 각종 패브릭과 식기류 등 인테리어 제품이 즐비하다. 많은 제품으로 공간이 묻혀버린 경향도 있지만, 4층 천장까지 수직으로 뚫어 상승감을 강조한 공간의 밀도는 그대로 간직하고 있다. 최상층의 넓은 광창을 통해 빛이 흘러내려 계단실까지 자연 채광이 은

은하게 떨어진다. 유리 난간으로 둘러쳐진 옥상 테라스에는 그야말로 높은 하늘과 먼 바다의 푸름만이 있다. 내려다보이는 해변과 도시의 모습은 내로라하는 세계의 어떤 장관에도 뒤지지 않는다. 천혜의 땅 위에 그 어떤 장식이나 기교는 필요하지 않다. 그냥 풍경을 담아낼 가장 간단한 프레임과 그릇만으로도 충분하다.

더월

The Wall

김명건 | 2010

해운대구 달맞이길65번길 162(중동)

레스토랑, 사진 스튜디오, 수입 가구 전시 판매 등의 상업 기능을 담고 있는 더월은 달맞이언덕의 2차선 전면도로와 이면도로가 만나는 매우 좁고 긴 삼각형 대지를 활용해 건립되었다. 두 길의 높이 차이가 많게는 6-7미터가량 되는 악조건이었음에도 건축가 김명건은 효율적이면서도 개성적인 형태를 디자인해냈다. 옹벽을 마주한 전면도로의 저층부와 이면도로의 1층에 연이어 벽돌 재료를 적용함으로써 불안정하던 땅의 속성에 안정적인 기단을 마련했다. 그 위로 전면도로의 외벽은 바다를 조망할 수 있도록 전체를 투명한 유리로 마감했고, 이면도로의 외벽은 반투명한 에칭 유리를 부착해 자연 채광의 유입과 사생활 보호의 두 가지 목적을 달성시켰다. 상층부에 적용된 회색 금속 패널은 분절되었다 연속되기를 반복하면서 아래의 벽돌이나 유리 소재와 함께 3단 조합의 마침표 역할을 한다. 특히 쓸모없이 버려질 수도 있었던 대지의 삼각 모서리 부분을 활용해 돌계단과 측면 출입구, 돌출 매스 형식의 캐노피 기능을 부여한 처리 방식이 매우 인상적이다.

오션어스 사옥
Oceanus Company Building

운생동건축사사무소 | 2012
해운대구 달맞이길 143(중동)

달맞이언덕의 비스듬한 경사지에 독특한 파사드로 눈길을 끄는 건물이 들어섰다. 혁신적 건축 운동을 진행하고 있는 운생동건축사사무소의 건축가 장윤규, 신창훈, 김성민이 설계한 오션어스 사옥이다. 오션어스는 주로 중동을 상대로 대규모 해양 프로젝트의 설계, 디자인, 시공을 진행하는 엔지니어링 회사다. 그래서 건축주는 아랍문자가 느껴지는 디자인 개발을 요청했고, 이에 건축가는 아랍문자를 추상화한 것 같기도 하고 파도의 패턴이나 달맞이언덕 소나무 가지를 표현한 것 같기도 한 디자인을 개발했다. 불규칙한 흰색의 프레임 자체는 생소한 모양이지만, 실제로는 주변의 맥락을 끌어와 친근감을 줄뿐더러 내부를 은근히 가리는 역할도 한다. 프레임 안쪽 벽에는 창을 크게 만들어 외부의 걸러진 풍경이 실내로 스며들게 했다. 사옥의 업무 공간은 5-6층에 있다. 15미터 정도의 대지 높이 차이 때문에 4층에는 주차장을, 2-3층에는 다목적 아트홀을 배치했다. 높이 7미터의 아트홀은 전시와 공연, 세미나 등 다양한 문화 행사 공간으로 활용되고 있다. 전면도로에서 접근할 수 있는 옥외 계단은 흰 프레임 아래로 들어가 아트홀로 이어지고, 계속 올라가면 4층 주차장까지도 곧장 연결된다. 아트홀 3층의 절반은 슬래브 없이 2층과 수직으로 관통해 대형 전시물을 설치하거나 공연 관람이 가능한 발코니로 활용된다.

에스플러스빌딩
S Plus Building

신재순 | 2012

해운대구 달맞이길117번가길 120-38(중동)

음식, 패션, 문화를 한 건물에서 즐기는 에스플러스인터내셔널의 복합 문화 공간이 해운대 달맞이언덕에 들어섰다. 1-2층은 키즈 아울렛, 3층은 수입 아동 편집숍, 4층은 베이커리 카페, 5층은 이탈리안 레스토랑, 6층은 갤러리로 구성되어 있다. 각 층마다 창이나 발코니에 나서면 드넓은 해운대 앞바다와 청사포마을이 내려다보인다. 건물 외양은 흰색 도장과 유리 위에 목재 패널을 덧씌워 마감해 마치 투피스를 잘 차려 입은 패셔니스타처럼 산뜻한 세련미를 자랑한다.

드림플란트드림스마일치과의원
Dreamplant Dreamsmile Dental Clinic

김명건, 강윤식 | 2008

해운대구 달맞이길 135(중동)

바다를 마주하고 서 있는 이 건물은 1층 주차장, 2층 진료실, 3층 진료대기실, 4층 사무실로 구성된 치과의원이다. 저층부는 대리석 프레임을 강조한 박스 형태로, 발코니를 제외한 전면을 반사 유리로 마감해 시시때때로 변하는 주변의 풍경이 유리면에 그대로 투영된다. 실내에서 이 유리면은 바다 전망을 파노라마 영상과 같이 대면한다. 진료대기실을 진료실보다 더 위층에 배치한 것도 조망의 즐거움을 제공하기 위한 배려다. 명쾌한 저층부와 달리 4층 외관은 회색 가로 패턴의 징크 패널, 돌출된 창문 테두리, 테라스의 투명 유리 난간 등의 디자인 요소를 적용해 변화를 주었다.

사랑채

Sarangchae

이원영 | 2015

해운대구 청사포로 87(중동)

해운대 달맞이언덕을 지나 바닷가 방향으로 조금 내려가면 작은 포구 마을이 나온다. 이름도 아름다운 '청사포'에는 폐선이 되어 산책로로 변신한 동해남부선 철길이 관통해 지나간다. 여기에 주변 지역민을 위한 문화공간이 들어섰다. 반지하 공간에는 도예 창작공방이 있고, 지상층에는 마을회관, 문화 관련 마을기업을 유치해 문화사랑방과 같은 역할을 하고 있다. 설계를 맡은 건축가 이원영은 층별로 이어지는 계단을 외부로 노출시켜 처리함으로써 건물과 사람, 주변 경관 사이의 시각적 간섭이 일어나도록 했다. 대지 바로 옆에 서 있는 노송은 흰색 페인트와 목재 패널로 마감된 이 건물에 사시사철 초록 그림자를 드리운다.

기장

GIJANG

국립부산과학관
Busan Science Museum

정림건축종합건축사사무소 | 2015

기장군 기장읍 동부산관광6로 59(석산리)

정림건축종합건축사사무소에서 설계한 국립부산과학관은 거대한 삼각형 덩어리 옆에 천체 투영관의 돔이 붙어 있는 형상이다. 본 관 입구를 치켜 올린 모습은 영락없이 배를 연상시킨다. 로비에 들어서면 중앙홀의 천장 전체가 창으로 되어 있어 거대한 배 안에 있는 듯하다. 2만 4,700여 제곱미터 규모의 전시 공간에는 체험 위주의 자동차·항공우주관, 선박관, 에너지·방사선의학관이 있고, 기초과학을 재미있게 익힐 수 있는 어린이관도 있다. 사이언스파크에도 과학 원리를 응용한 각종 놀이 시설이 배치되어 있다. 전시실 내부의 각 전시 체험물에는 국부 조명을 사용해 몰입도를 높였다. 비행 시뮬레이터, 달의 중력 체험, 사각형 자전거 바퀴, 자세 제어와 자이로스코프, 요트경주 등 몸으로 체험할 수 있는 곳에는 아이들이 길게 줄을 선다. 또한 로비 2층에서 1층으로 바로 연결된 대형 미끄럼틀 '다이나믹 슬라이드'도 인기다.

코티지레스토랑
Restaurant Cottage

고성호 | 2013

기장군 기장읍 기장해안로 860(죽성리)

멸치로 유명한 대변항을 스쳐 좁다란 지방
도를 따라가면 세련된 외관의 건물을 만나
게 된다. 작은 집이라는 의미의 이탈리안 레
스토랑 코티지다. 뒤로는 낮은 산자락이 막
아섰고, 앞으로는 작은 만(灣)이 양팔을 벌
린 천혜의 땅 위에 건물이 있다. 산과 바다,
뭍과 하늘이 만나는 경계의 땅에 인공물을
세운다는 것은 자못 쉽지 않은 일이다. 가능
한 원지형의 특징을 헤치지 않고 인공을 가
미해 경관의 멋을 배가하는 디자인의 묘를
발휘해야 한다. 진입하는 도로에서 보면 건
물은 지형에 파묻힌 듯 낮게 깔려 있다. 축
을 조금씩 달리하며 한 줄로 잇댄 세 동의
건물은 각기 다른 각도로 바다를 마주하고
있다. 공간의 시작을 암시하는 산화철 입간
판을 지나 가운데 동으로 진입하면 오픈 키
친이 나온다. 거기에서 진행 방향을 바꿔 양

쪽의 홀로 갈라져 들어가는 공간 중첩이 방
문객의 감정을 고조시킨다. 이 식당에는 즐
거움을 북돋우는 장치가 곳곳에 반영되어
있다. 외쪽 경사지붕의 특성을 활용해 천장
에 목재 들보와 서까래를 노출시켜 작은 오
두막집에 들어온 느낌을 준다. 얼핏 막 쌓은
듯한 돌쌓기 마감의 벽면도 친근감을 더한
다. 또한 눈 닿는 곳마다 아기자기한 소품으
로 공간을 꾸몄고, 모던한 벽난로도 눈길을
끈다. 무엇보다도 큰 창 너머 보이는 해송과
바위, 푸르디푸른 바다의 조합이 그 어떤 명
화나 영화보다 아름답고 낭만적이다.

시랑리작업실

Sirang-ri a Workroom

안용대 | 2014

기장군 기장읍 동암해안길 53(시랑리)

기장의 한 작은 어촌마을에 조각가 김정명의 작업실 겸 전시관이 들어섰다. 바다를 면전에 둔 하얀색의 모던한 건물은 조용한 어촌마을에 새로운 이정표가 되었다. 부정형 대지를 역으로 이용해 깔때기 모양으로 벌어진 형태를 취하고 있어 곡면의 조형성이 강조되었다. 특히 2층 전시실과 3층 작업실의 전면부 유리창으로 바다를 조망할 수 있다. 하늘이 열린 옥상 데크는 조각 전시 및 파티장으로도 활용할 수 있다.

정관성당

Jeonggwan Catholic Church

김의용, 박창제 | 2012

기장군 정관면 정관4로 48(용수리)

도심형 성당 건물인 정관성당은 건축가 김의용과 박창제가 설계했다. 울타리도 없이 인도에 붙어 우뚝 세워진 건물 외관은 송판무늬 노출콘크리트와 회색빛 금속 패널의 조합으로 이루어져 있다. 예배당으로 오르는 옥외 계단의 난간과 입구는 돌망태로 연속되게 구축해 하나의 조각품 같다. 넓은 마당이나 정원이 없기 때문에 1층은 북카페와 식당 등 성도들의 친교를 위한 공간을 배치했고, 성모상은 스테인드글라스의 화려한 빛이 쏟아지는 로비의 한 모퉁이에 세웠다. 로비 왼쪽으로 돌아가면 별도의 출입문을 두지 않은 예배당이 펼쳐지고, 오른쪽으로는 작은 고해실이 배치되어 있다. 예배당의 제대는 거친 흰벽 앞에 소박하게 있는데, 긴 수직 창을 통해 은은한 측광이 스며든다. 성도석의 벽면에는 안쓸림 구조로 깊숙하게 파낸 스테인드글라스와 좌석보다 낮은 위치에 가로로 긴 창이 있다.

비큐브

B-cube

봉종현 | 2012

기장군 기장읍 동암해안길 6(시랑리)

부산의 유명 관광지 가운데 한 곳인 용궁사로 들어가는 길 초입에 제이원건축사사무소의 건축가 봉종현이 설계한 비큐브가 있다. 이름에서 암시하듯 건물은 수개의 큐브를 퍼즐 조립한 듯 분절되고 돌출된 형태다. 큐브의 조형미를 더욱 부각시키기 위해 매스 사이에 깊은 틈을 만들었으며 마감 재료를 다양하게 조합했다. 화강석, 현무암, 적삼목, 유리 등은 각기 고유의 질감과 색감을 뽐내면서도 서로 잘 어우러진다. 카페와 레스토랑이 있는 1층과 3층의 상업 공간과 갤러리가 있는 2층과 4층의 전시 공간이 서로 어긋나게 배치된 복합 문화 상업 공간으로, 실내 인테리어도 외부의 정갈함을 그대로 유지하고 있다. 각 층에 뚫려 있는 절제된 창은 바다와 산, 마을 등 주변 풍경을 담기 위한 액자 같다. 특히 옥상에는 의도적으로 난간대 여러 개를 세우거나 잘라내 시각적인 프레임을 조성해놓았다. 하늘과 조응하는 4층의 작은 중정이나 목재 데크로 바닥을 따뜻하게 조성한 옥상 등에서 자연 그대로를 건물 안에 담아내려 한 건축가의 의지를 읽을 수 있다.

장안사 대웅전
Jangansa Temple

건축가 미상 | 1657
기장군 장안읍 장안로 482(장안리)

태백산맥 지류인 대운산맥에서 뻗어 내린 불광산 남쪽 끝자락에 장안사가 있다. 사찰이 자리 잡은 대지는 거의 평지에 가까워 초입에서 최상단 주불전까지 높이 차이가 거의 없어 위압적 위계도 존재하지 않는다. 보물 제1771호로 승격 지정된 대웅전의 형태미는 매우 뛰어나다. 화려한 다포식 팔작지붕에 처마 선이 유연하게 휘어져 끝이 하늘로 비상하듯 치켜 올라가 있다. 앞뒤뿐 아니라 모서리와 양옆까지도 공포가 적용되어 어느 각도에서 보더라도 입체적이다. 내부 천장의 단청에 천연 광물로 만든 전통 안료가 잘 남아 있으며 덧칠한 흔적이 없다는 점도 보물 지정의 중요한 판단 기준이 되었다. 사찰 전체를 병풍처럼 둘러 감싸고 있는 대나무 밭으로 산책로가 조성되어 있는데, 대웅전 뒤 언덕에서 관망하는 사찰 후경이 장안사의 백미라 할 수 있다. 사찰 너머 하나의 배경과 같이 펼쳐져 있는 나지막한 삼각산이 역광을 받아 마치 산수화의 한 장면처럼 농축적인 실루엣으로 겹쳐 보인다. 자연과 인공이, 현세와 영의 세계가 묘하게도 하나의 장면에서 교호한다.

부산은행연수원
Busan Bank Training Institute

일신설계종합건축사사무소 | 2012
기장군 일광면 이천8길 80(이천리)

부산은행연수원은 둔덕 지형 그대로 순응하는 형태를 취해 건설 당시 토목 공사를 최소

화할 수 있었다. 원통형으로 생긴 '편의동'이 전체 건물의 중심을 잡고, 그 양옆으로 마치 날개를 펼쳐 비상하듯 등고선을 따라 휘어진 채 '연수동'과 '숙소동'이 배치되어 있다. 건물의 양 끝단을 사선으로 처리한 것이나, 수평으로 긴 몰딩과 옥상 헛구조물을 설치한 것 등은 비상하는 이미지를 강조하기 위한 디자인의 일관성으로 해석할 수 있다. 출입구 게이트와 연수동 벽 일부에 적용된 노란색 패널은 연수원을 더욱 따뜻하게 연출하며, 2층의 목재 데크는 건물 사이의 연계성을 높인다. 2인실과 5인실로 구분되는 숙박동은 최대 300여 명의 연수생을 수용할 수 있으며, 휴양형 테라스하우스 성격의 별관 숙소에는 문턱을 없앤 장애인실도 마련되어 있다.

임기마을회관 겸 경로당
Yimgi-village Hall & Senior Center

김덕모, 강민주 | 2015
기장군 철마면 임기2길 44(임기리)

부산 외곽의 시골마을에 건축가 김덕모와 강민주의 설계로 마을회관 겸 경로당으로 사용하는 지역 복지 시설이 지어졌다. 좁은 농로에 연결된 밭을 대지로 한 이 건물은 한옥처럼 가운데 안마당을 두고 'ㄷ'자형으로 배치되어 있다. 왼쪽 건물이 사랑채 역할을 하는 마을회관이고, 오른쪽 건물이 안채 역할을 하는 경로당이다. 그리고 돌출된 벽면으로부터 이어지는 지붕의 연속된 선을 노란색 목재로 마감해 통일감과 따뜻한 정서를 전달한다. 마을회관 측벽에 폴딩 도어를 적용해 데크와 마당까지 기능적, 시각적으로 확장시킨 것이나 건물보다 지붕을 1미터 이상 돌출시켜 처마를 형성한 것에서 전통 건축이 가진 공간의 장점을 반영하려 한 건축가의 의도가 엿보인다.

고리스포츠문화센터

Kori Energy Farm

신동재 | 2007

기장군 장안읍 길천리 216

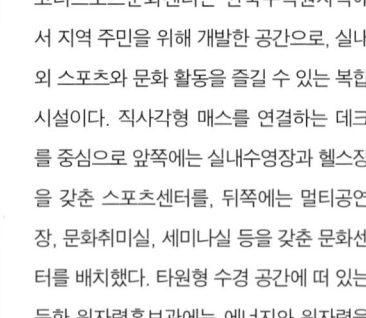

고리스포츠문화센터는 한국수력원자력에서 지역 주민을 위해 개발한 공간으로, 실내외 스포츠와 문화 활동을 즐길 수 있는 복합 시설이다. 직사각형 매스를 연결하는 데크를 중심으로 앞쪽에는 실내수영장과 헬스장을 갖춘 스포츠센터를, 뒤쪽에는 멀티공연장, 문화취미실, 세미나실 등을 갖춘 문화센터를 배치했다. 타원형 수경 공간에 떠 있는 듯한 원자력홍보관에는 에너지와 원자력을 체험할 수 있는 전시 공간이 있다. 수영장의 남쪽 유리면에 직사광이 드는 것을 피하기 위해 넓은 테라스와 연결된 캐노피를 둔 것이 외형상 가장 인상적이다.

동남권원자력의학원

Dongnam Institute of Radiological & Medical Sciences

이관표 | 2010

기장군 장안읍 좌동길 40(좌동리)

암 진단 및 치료 전문 병원인 동남권원자력의학원은 고리원자력발전소가 들어서 있는 기장 지역에 건립되었다. 구릉지라는 장소적 특성을 최대한 살리면서도 주변 자연경관과 잘 어우러지는 친환경적 디자인을 지향했다. 건물은 등고선을 따라 2개의 곡면 매스로 구성되어 있는데, 고층 병동부는 남서 방향으로 휘어지게 배치하고 주차장 쪽으로 길게 뻗어 나온 건강검진센터는 반대 방향으로 휘어지게 배치했다. 병동부와 건강검진센터 사이에 있던 기존의 해송 숲을 보존하고, 1층 로비 겸 아트리움의 대형 유리창을 통해 차경 효과까지 얻는 배치다. 곡면으로 휘어진 병동부의 각 병실 어디든 채광과 조망이 우수하다.

미래디자인융합센터

**Design Strategy
& Research Center**

김찬중 | 2015

양산시 물금읍 범어리 1111

한국디자인진흥원의 부설 연구소 미래디자인융합센터는 더시스템랩의 건축가 김찬중이 설계했다. 산의 능선처럼 연속된 뾰족지붕 외관은 지나는 사람들의 눈길을 끌기에 충분하다. 크기와 각도를 조금씩 달리하며 율동하는 노출콘크리트에 투명한 창을 안으로 조금 들여 부착해 더욱 강렬한 실루엣을 갖게 되었다. 또한 콘크리트의 구조적인 강성으로 내부에 별도의 기둥을 두지 않아도 되는 무주 공간을 만들었다. 최대 높이가 15미터에 이르는 천장은 연속된 볼트 구조로 내부 공간을 덮고 있으며, 그 아래로 다목적 전시홀 및 컨벤션홀이 있다. 반대편에는 넓고 높은 공간의 특징을 살려 공동 연구실 및 회의실 공간을 입체적으로 구성했다. 건축가는 역사적으로 창발적인 아이디어가 탄생한 공간 대부분이 창고였기 때문에 이 건물에도 8개의 창고를 이어붙였다고 설명한다.

경사지붕 사이사이의 골짜기는 직원의 옥외 휴게 공간으로, 1층의 작은 중정은 방문객을 위한 휴식 공간으로 활용된다. 내부 공간 어디에서도 수직적 상승감과 탁 트인 공간감, 외부를 바라보는 조망감이 뛰어나다.

양산시립박물관
Yangsan Museum
성림종합건축사사무소 | 2013

양산시 북정로 78(북정동)

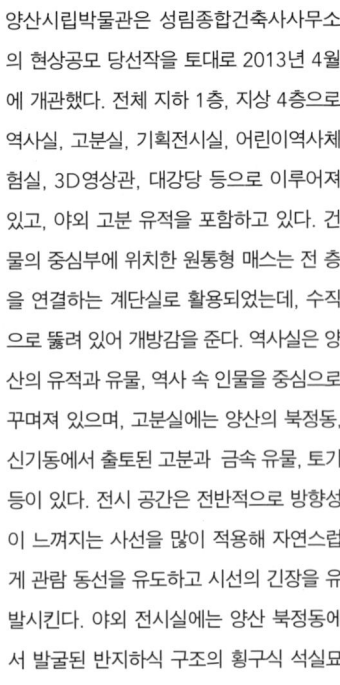

양산시립박물관은 성림종합건축사사무소의 현상공모 당선작을 토대로 2013년 4월에 개관했다. 전체 지하 1층, 지상 4층으로 역사실, 고분실, 기획전시실, 어린이역사체험실, 3D영상관, 대강당 등으로 이루어져 있고, 야외 고분 유적을 포함하고 있다. 건물의 중심부에 위치한 원통형 매스는 전 층을 연결하는 계단실로 활용되었는데, 수직으로 뚫려 있어 개방감을 준다. 역사실은 양산의 유적과 유물, 역사 속 인물을 중심으로 꾸며져 있으며, 고분실에는 양산의 북정동, 신기동에서 출토된 고분과 금속 유물, 토기 등이 있다. 전시 공간은 전반적으로 방향성이 느껴지는 사선을 많이 적용해 자연스럽게 관람 동선을 유도하고 시선의 긴장을 유발시킨다. 야외 전시실에는 양산 북정동에서 발굴된 반지하식 구조의 횡구식 석실묘를 재현해 전시하고 있다.

웅상문화체육센터
Ungsang Culture Sports Center
범건축종합건축사사무소 | 2008

양산시 모래들길 57-57(주진동)

웅상문화체육센터는 지역민의 문화와 체육 활동을 위해 건립된 복합 시설이다. 동서 방향으로 길게 두 동을 직렬 배치했으며, 나열된 건물의 중간에는 투명 유리의 계단실을 만들어 시각적 분리와 기능적 연결 장치로 활용했다. 지면에서 날렵하게 부상하는 형상의 진입부 건물에는 어린이놀이방, 문화강좌실, 미술심리치료센터, 청소년문화의집, 영상미디어센터 등 다양한 문화 공간을 배치했고, 후면부의 다소 둔중해 보이는 건물에는 실내수영장과 실내체육관을 담았다. 건물 오른쪽으로는 넓은 진입 광장과 스탠드 형식의 옥외 공원이 꾸며져 있는데, 그 아래에 대지의 12미터 높이 차이를 활용한 다목적 대강당과 전시실을 배치해 지형적 맥락과 기능적 효율성을 동시에 해결했다.

고현재

Kohyenjae

고성호, 라움건축사사무소 | 2013

양산시 하북면 삼수새동네2길 42-18(삼수리)

영축산 구릉지의 전원주택 단지에서 제일 높은 대지에 건축가 고성호가 설계한 고현재가 있다. 경사 지형을 활용해 아랫단에는 대문과 주차장, 부속 공간이 있고, 누하 진입 방식의 계단을 오르면 펼쳐지는 윗단에는 안마당과 주거 공간이 있다. 키 큰 소나무를 심은 마당에는 경사를 따라 자연스럽게 산의 흐름이 흘러들어 원지형과의 유기적 관계를 유지한다. 한옥처럼 마당을 둘러싼 본채와 별채가 'ㄱ'자형으로 배치되어 있다. 별채 가운데를 뚫어 대청마루와 같은 공간을 만들어 온돌 기능을 겸하는 벽난로를 두었는데, 옥외용 소파에 앉아 원경의 산세를 즐길 수 있다. 본채에는 앞뒤의 정원을 동시에 누릴 수 있는 층고 높은 거실이 집의 중심을 잡고 있으며, 안쪽으로 전원 속에서 즐거운 요리와 식사를 할 수 있는 부엌 겸 식당 공간이 있다. 노모를 위한 집 입구의 방은 벽 아래쪽으로 창을 두어 낮은 시선으로 외부를 조망할 수 있게 배려했고, 2층 서재와 안방에서도 창과 발코니를 통해 차경의 멋을 만끽할 수 있다. 지하 1층과 본채 1층의 벽면은 자연석으로 처리해 별채와 본채 2층에 적용된 흰색 도장과 비례나 색감의 조합에서 시각적 미가 느껴진다.

울산

울산박물관

Ulsan Museum

간삼건축종합건축사사무소 | 2011

울산시 남구 두왕로 277(신정동)

울산의 역사와 산업 발전상을 전시하기 위해 2001년에 건립된 울산박물관은 간삼건축종합건축사사무소가 설계했다. 울산대공원의 자연 지세를 그대로 이어받아 흰색 박스형 건물을 배치하고 진입부에 얕은 연못을 두었다. 연못에 발을 담그고 있는 박물관 벽면에는 울산의 역사와 문화를 대표하는 반구대 암각화를 부조로 재현했다. 박스형 건물의 상단부에는 축을 달리하며 전면으로 꿰뚫고 나오는 사각 구조물을 얹고, 그 끝에는 투시용 대형 창을 두어 새로운 미래로 향하는 상징성을 강하게 부여했다. 옥상에는 대공원 산책로와 이어지는 옥상정원을 조성해 시민에게 열린 역사문화공원으로 활용되고 있다. 내부 전시실은 1,570여 점의 유물을 전시하는 역사관, 울산에 기반을 둔 다양한 산업을 소개하는 산업사관, 어린이에게 울산의 역사와 산업을 배우게 하는 해울이관, 기획 전시실, 영상관 등으로 구성되어 있다. 그중 해울이관은 선박, 자동차 시뮬레이터 등 다양한 체험 위주의 콘텐츠로 흥미로운 전시 환경을 제공한다.

울산옹기박물관
Ulsan Onggi Museum
권성표 | 2009

울산시 울주군 온양읍 외고산3길 36(고산리)

국내 최대 옹기 집산지 외고산 옹기마을에 위치한 울산옹기박물관은 2013년에 전문 박물관으로 등록되었다. 1,000여 점의 도기류 유물을 보유하고 있으며, 역사 속 옹기의 형태와 사용 방식에 대한 다양한 정보를 알린다. 또한 기네스에 등재된 세계 최대 옹기도 전시되어 있다. 2개 층으로 되어 있는 전시장의 중앙에 옹기를 형상화한 거대한 원형 공간이 있는가 하면, 1층과 2층을 이어주는 경사 통로는 옹기를 굽는 가마 모양으로 만들어 관람객에게 신선한 체험을 제공한다. 박물관 주변의 옹기마을 곳곳에 실제 가마에서 옹기가 구워지는 과정을 볼 수 있으며, 제작 과정 체험 프로그램에 참여할 수도 있다.

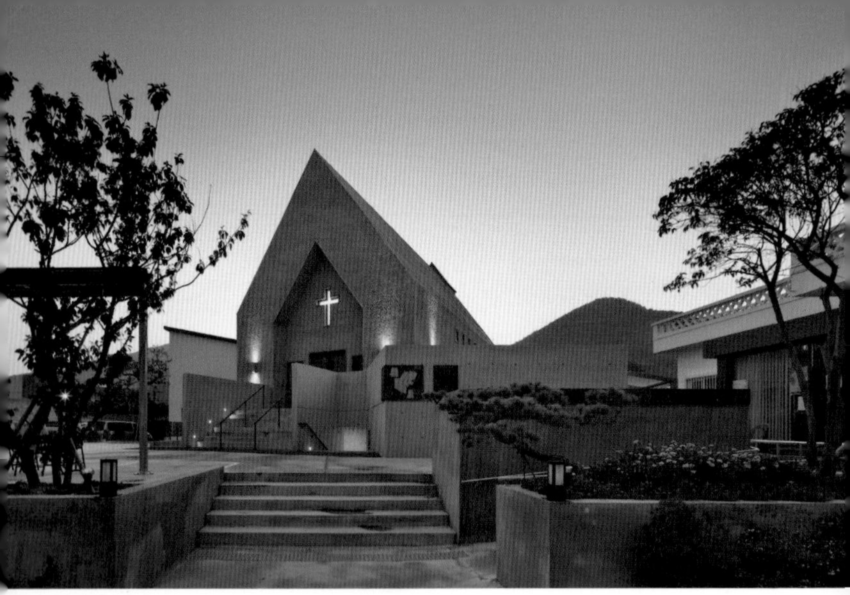

인보성당

Inbo Catholic Church

유병안 | 2013

울산시 울주군 두서면 노동길 27(인보리)

인보성당이 있는 울주군 두서면은 부산과 울산 지역 천주교 신앙의 발원지로, 1866년 병인박해 때 많은 신자가 박해를 피해 이 지역에서 신앙 공동체를 이루었다. 건축가 유병안은 이곳에 역사적 상징성을 띠면서도 지역에 녹아드는 새로운 성전을 설계했다. 12미터 높이의 지상 2개 층으로 된 본당 건물과 함께 그 왼쪽에 사제관을 건립했고, 오른쪽에는 기존 건물을 리모델링한 사무실이 있다. 건물과 건물 사이에는 의도적으로 램프, 계단, 옆길, 낮은 담장, 작은 테라스를 배치해 시골의 마을길 같은 흐름을 도입했고, 실제로도 건물 주변 마을길 어디에서나 쉽게 접근할 수 있도록 길을 연결해두었다. 본당 전면의 열린 마당은 마을 주민을 위한 공용 공간의 역할을 한다. 뾰족한 박공지붕 외관은 종교 건축의 수직성을 강조하는 동시에 주변 집들의 지붕 모양이나 산세와도 조화된다. 본동은 미끈한 노출콘크리트 마감의 낮은 담장과 거칠게 처리된 콘크리트 질감의 외벽이 만나 정갈하고 세련된 종교 건물의 아우라를 뿜어내고 있으며, 흰색 페인트로 마감한 사무실과 사제관은 도드라지

지 않게끔 하나의 배경처럼 설계되었다. 초기 기독교 시대의 바실리카식으로 간결하게 처리된 내부 공간은 제대를 바라보며 직사각형 구조를 이루고, 측벽 위아래에 채광창을 반복적으로 두었다. 앱스처럼 안으로 푹 파인 제대 후면부에는 긴 측창과 천창을 두어 자연 채광이 유입된다. 빛이 모아지는 곳에 십자가를 걸고, 그 상징성을 더욱 강조하기 위해 뒷벽을 살짝 경사면으로 처리한 것이 특징이다. 또한 외형과 동일한 높이의 높다란 박공천장, 제대 오른쪽 유리벽 안에 꾸민 조배실, 십자가형 창을 가진 2층 성가대석 등은 공간에 종교적 성향을 더욱 짙게 만드는 요소다.

나비채하우스

Naviche House

김정우 | 2008

울산시 울주군 웅촌면 석천중앙길 72(석천리)

사방이 낮은 산으로 둘러싸여 아늑한 울주군의 한적한 전원에 여덟 채의 주거 공간으로 구성된 작은 마을이 있다. 건축가 김정우가 설계한 나비채하우스로, 전통 주택의 공간적 특징과 유럽풍 주택의 낭만적 외형이 적절히 버무려진 빌라형 타운하우스다. 마을 초입에는 나무, 벤치, 수 공간, 파고라(pergola) 등이 있는 휴식 공간을 두었고, 입구 구조물을 통과해 안으로 들어가면 마을 전체를 관통하는 살짝 휘어진 길을 지날 수 있다. 같은 모양의 집과 공유하는 길뿐 아니라 대지 중간에 다함께 모일 수 있는 공공 공간도 마련되어 있어 마을 사람 사이에 자연스럽게 커뮤니티가 형성된다. 대지의 높이 차이를 그대로 활용해 집을 지어 길에서 몇 계단만 오르면 입구와 거실이 있는 2층으로 이어진다. 2층에서 내려가면 1층 자녀방으로, 올라가면 3층 부부방으로 연결되는 구조다. 거실의 넓은 창을 통해 전원을 조망할 수 있고, 자녀방에서는 집과 집 사이의 은폐된 정원을 볼 수 있으며, 뒤로 물러나 배치된 부부방에는 발코니를 두어 외부 환경과 적극적으로 교호하게 했다.

언양성당

Eon-yang Catholic Church

에밀 보드뱅 | 1932

울산시 울주군 언양읍 구교동1길 11(송대리)

에밀 보드뱅(Emile Beaudevin) 주임 신부가 설계한 언양성당은 종탑을 전면에 배치한 전형적인 고딕 양식의 석조 건물이다. 남북을 장축으로 한 형태의 예배당 건물 앞쪽에는 예배실로 들어가는 전실 겸 종탑을 두었다. 반대쪽 후면부에는 예배당에 덧붙여진 제의실 공간이 돌출되어 있다. 외벽 전체는 화강석으로 고풍스럽게 마감했으나 배면과 제의실 벽면은 붉은 벽돌로 치장쌓기한 것이 특이하다. 맞배지붕이나 종탑의 첨탑, 둥근 아치를 기본으로 한 개구부, 장미창을 연상시키는 원형 창 등에서 고딕 양식을 준용한 노력을 엿볼 수 있다. 예배당 내부는 측랑 없이 신랑(nave)으로만 구성되어 있으며, 후면 중층부에 작은 성가대석이 있다. 8-9미터가량의 높은 층고를 구조적으로 해결하기 위해 천장을 받치는 교차 볼트(cross vault)의 리브가 그대로 측벽의 다발기둥(clustered pier)으로 연결되어 있다. 고딕 양식의 구조를 그대로 따르는 디자인으로, 측면 아치창으로 들어오는 온화한 빛과 함께 종교 공간의 특징을 부각시킨다. 예배당 옆에 있는 2개 층의 신앙 유물 전시관은 원래 사제관으로 건립되었던 건물이다. 지붕에 3개의 돌출창과 굴뚝을 가지고 있으며, 초기 교회의 각종 신앙 도서와 제구, 제의가 전시되어 있다.

춘해보건대학교 강의동

Lecture Hall at Choonhae College of Health Sciences

조병수 | 2000

울산시 울주군 대학길 9(곡천리)

건축가 조병수가 설계한 춘해보건대학교 울산캠퍼스의 '홍익관'과 '이화관'으로 이루어진 2개의 강의동은 현대적 형태와 재료를 취하고 있으면서도, 기존 지형과 조화를 이루도록 디자인되었다. 당시 국내에서는 도입 초창기였던 노출콘크리트 구조를 채택해 주요 구조부를 형성하면서, 투명한 유리나 타일 소재를 외벽에 적절히 혼용해 변화를 꾀했다. 두 동의 건물을 'ㄷ'자형으로 서로 마주보게 배치하고 내부에는 큰 중정을 두었다. 또한 필로티 구조로 건물을 띄우거나 투명 유리를 통해 시선을 투과시키는 수법으로 개방감을 확보했다. 기존 땅이 갖고 있던 큰 바위를 중정에 그대로 존치시킨 것도 친환경적 디자인의 일환으로 보인다.

GIMHAE

대성동고분박물관
Daesungdong Tombs Museum
김상식, 유수태 | 2003

김해시 가야의길 126(대성동)

금관가야 지배층의 고분군이 분포하고 있는 대성동 고분의 출토 유물을 전시하는 대성동고분박물관은 금성종합건축사사무소의 김상식과 유수건축사사무소의 유수태가 설계했다. 고분군 능선의 실루엣을 방해하지 않으려 낮은 지대에 건립된 고분박물관은 타원형 매스의 곡선을 따라 안으로 쏠린 형태의 곡면 지붕을 취했다. 중심부는 노출콘크리트로 마감한 원추형 빛우물을 중심에서 살짝 비켜나게 삽입한 독특한 형태다. 고분 발굴 현장을 재현하기 위해 만든 노출 전시관은 고분군 능선의 중간 높이에 별도로 세워져 있다. 내부가 투과되어 보이도록 집성목을 수평으로 부착했으며, 그 위에 투명 유리를 씌워 마감했다.

클레이아크김해미술관
Clayarch Gimhae Museum
지앤아이종합건축사사무소 | 2006

김해시 진례면 진례로 275-51(송정리)

진례 도예촌 초입에 지어진 클레이아크김해미술관은 대지 면적 8,800여 제곱미터에 전시관, 연수관, 체험관, 수장고 등의 주요 시설과 미술관숍, 카페테리아, 도자점 등의 부대시설을 갖추고 있다. '클레이아크'란 흙(clay)과 건축(architecture)을 합친 말이다. 도넛 모양으로 생긴 주 전시관의 둥근

외벽에는 5,036장의 도자 타일이 부착되어 있다. 손으로 직접 그려 만든 채색 타일의 조합으로 그 자체가 하나의 예술 작품이다. 입구를 지나 들어가면 입체 트러스(truss) 프레임의 유리 돔 천창이 덮여 있는 중앙홀을 만난다. 전시나 행사 등이 열리는 다목적 공간으로 활용되며, 곡면으로 된 벽을 따라 나선형의 계단을 오르면 2층 전시실로 이어진다. 테마 중심의 기획 전시를 관람한 뒤에는 전시관 뒤편 산책로로 인도하는 다리를 통해 외부로 나갈 수 있다. 우뚝 세워져 있어 먼 거리에서도 잘 보이는 클레이아크타

워 주변으로 나무 데크와 피크닉 공원, 산책 경사로 등이 조성되어 여유롭게 휴식을 취할 수 있다. 또 도예 전문 작가의 창작 활동과 실험을 지원하는 작가 연수관도 있다. 연수관 2층과 연결된 체험관은 일반인을 위한 도자 체험 공간으로 스튜디오와 가마실을 갖추고 있다. 미술관 진입 광장의 왼쪽 영역에 길쭉하게 뻗어 나와 있는 고객 라운지에서도 각종 체험 프로그램이나 강연 행사가 진행된다. 다 둘러보고 나서는 바로 옆에 있는 김해분청도자관도 더불어 관람할 만하다.

더큰병원

The Grand Hospital

김용남 | 2014

김해시 분성로 208번길(외동)

건축가 김용남이 설계한 더큰병원은 척추관절 전문 병원이다. 온통 흰색으로 깨끗하게 마감한 외벽에 수직 루버의 길이 변화로 만든 패턴은 매우 독창적이고도 세련된 결과물을 탄생시켰다. 수직 루버는 빛의 거름 장치가 되어 남향의 직사광을 적극 유입시키고, 오후 깊숙이 스며드는 서향의 빛은 가리는 역할을 한다. 특히 겨울에도 직사광선을 최대한 유입시킬 수 있게 적절한 각도로 루버를 만들었다. 친환경적 공간임을 강조하기 위해 로비의 벽면과 천장을 원목 소재로 마감했으며, 중정에는 초목을 심어 아름다운 조경까지 세심하게 반영했다. 6층 물리치료실과 함께 배치한 갤러리에서도 환자와 지역민을 배려하는 마음을 읽을 수 있다.

국립김해박물관

Gimhae National Museum

장세양 | 1998

김해시 가야의길 190(구산동)

국립김해박물관은 가야 문화의 이해와 우수성을 알리기 위해 1998년에 건립된 고고학 전문 박물관이다. 이후 2006년에 교육관인 '가야누리'가 개관했고, 2008년에는 박물관 상설 전시실을 전면 개편해 새로이 단장했다. 박물관 설계는 공간그룹의 장세양이 맡아 철의 왕국 가야의 상징성을 건물 이미지에 반영함과 동시에 주변 자연 지세의 맥락을 고려해 디자인했다. 건물 외관에 적용된 검은 색조의 전벽돌과 내후성 강판과 같은 소재 선택도 시간성을 느끼게 하는 건축적 장치라 할 수 있다. 전체적으로는 거대한 원형 영역 안에 사각형 건물을 왼쪽으로 살짝 편향되게 배치한 형상이다. 원형의 디자인 모티브는 고분을 상징하는 듯 다소 폐쇄적인 느낌이나, 진입을 유도하는 회랑으로 활용함으로써 역사 속으로 들어가는 의미를 내포하고 있다. 철골조의 캐노피를 가진 높다란 원형 회랑에 이끌리듯 들어가다 보면, 시선의 열림과 닫힘의 연속으로 긴장

감이 고조된다. 오른쪽으로는 벽면에 전시 내용을 암시하는 부조가 나열되어 있고, 왼쪽으로는 빛이 밝게 떨어지는 야외 전시 공간과 1층의 선큰 가든(sunken garden)이 열주 사이로 드러났다 가려지기를 반복한다. 2층에서 시작되는 전시는 중앙 계단을 거쳐 1층에 이르는 동선 체계를 갖는다. 1,400여 점의 전시물을 통해 가야의 형성과 쇠락의 역사적 변천 과정을 상세히 관람할 수 있다.

김해시장애인종합복지관
Gimhae Rehabilitation Center for the Disabled

포스에이시종합감리건축사사무소 | 2005

김해시 삼계로 140(삼계동)

장애인 재활 치료를 위한 시설인 김해시장애인종합복지관은 분성산 자락의 경사진 대지를 활용해 조성되었다. 삼각형 대지에 'ㄴ'자형 건물을 배치했는데, 한쪽은 경사지의 높은 곳에 맞닿아 있고 나머지 꺾인 부분은 전면도로와 평형하게 형태를 잡았다. 그리고 전면부 전체를 땅에서 띄워 올려 안쪽 마당과 연결시켰다. 필로티 공간에는 주차장과 수직 동선을 위한 작은 로비만 배치함으로써 이용자의 접근이 수월하도록 배려했

다. 주차장과 연결된 잔디마당은 아늑한 분위기로 조경했으며, 벽을 따라 길게 꺾인 경사로를 설치해 경사 지형의 높이 차이를 자연스럽게 극복했다. 경사로의 끝은 건물 옥상으로 그대로 이어지는데, 'ㄴ'자를 따라 잔디마당과 데크를 두어 '건축적 산책로'를 완성시켰다. 뒷산뿐 아니라 멀리 앞산과 시내까지도 조망하는 기분 좋은 공간이다. 지형 조건을 최대한 활용하려 한 건축가의 노력이 엿보인다. 외관은 시간과 날씨의 변화에 따라 질감이 조금씩 다르게 보이는 알루미늄 성형 루버의 두 가지 패턴 조합으로 디자인해 날렵함과 세련미를 강조했다. 도로면의 창을 최대한 절제한 것과 반대로, 내부 마당 쪽의 벽면 전체를 통유리로 마감해 내외부의 시야가 관통한다. 기능적으로는 체력단련실, 보호작업장, 프로그램실, 재활운동실, 언어치료실, 감각반응촉진실, 조기교육실, 작업치료실, 물리치료실, 그룹활동실, 정보화교육실 등으로 구성되어 있다.

흙담

The Ground Wall

푸하하하프렌즈, 본종합건축사사무소 | 2014
김해시 진영읍 김해대로 566번길 11(신용리)

젊은 건축가 그룹 푸하하하프렌즈가 설계한 흙담은, 2층에 한정식 식당, 3층에 커피 전문점을 둔 요식업 건물이다. 진영읍 봉하마을 인근이라 노무현대통령묘역을 방문할 때 들르기 좋은 위치. 'ㄱ'자형 건물의 외벽은 거푸집 자국이 그대로 드러나 있는 노출 콘크리트로 마감하고, 창이 있는 부분에 건축가가 직접 디자인하고 현장 제작까지 한 독특한 문양의 블록을 쌓았다. 블록을 지나 내부로 들어오는 자연 채광의 빛그림자는 전통 한옥의 문창살로 들어오는 빛과 느낌이 흡사하다. 아니나 다를까 2층 식당 인테리어의 기본 방향은 전통에 맞춰져 있다. 성인 네 명이 들어가 앉을 수 있는 작은 사랑방 같은 공간이 나열되어 있으며, 필요할 때 미세기를 열면 하나의 공간으로 확장된다. 벽면의 그릇장에서도, 대청마루 같은 넓은 홀에서도 전통이 현대적으로 재해석되어 있다. 3층 카페는 전통이라고도 정의하기 어려운 더 원형에 가까운 공간이다. 곡률을 가진 천장 디자인, 무심하게 놓여 있는 가구와 소품, 큰 측창으로 들어오는 태양빛과 먼 마을의 풍경에 개성파 바리스타가 만든 진한 커피 향이 버무려져 빈티지한 매력이 물씬 느껴진다. 거친 돌과 철을 주 소재로 조성된 1층 마당과 30-40개는 되어 보이는 장독, 그리고 요리를 가르치는 교육 공간도 예사롭지 않은 조합이다.

노무현대통령묘역

Memorial for Former President Roh Moo-hyun

승효상 | 2010

김해시 진영읍 본산리 21-7

봉화마을에 자리 잡은 노무현 전 대통령의 묘역은 건축가 승효상이 설계를 맡았다. 마을과 봉화산이 만나는 접점의 삼각형 평지를 활용해 만든 묘역에는 삶과 죽음의 경계를 표시하듯 붉게 녹슨 내후성 강판이 낮은 담장 높이로 세워져 있다. 그 앞에 자연석을 다듬어 만든 돌판 비석이 있는 듯 없는 듯 가만히 놓여 있다. 비석을 향하는 초입의 삼각형 꼭지점에는 물이 자작하게 담긴 수반을 두어 참배의 시작점을 알린다. 그 앞으로 갈래갈래 나뉜 마을의 논을 상징하듯 불규칙한 화강석 길이 있고, 그 사이는 추모글을 새긴 1만 5,000여 개의 박석으로 채웠다. 그래서 이곳을 돌이 깔린 작은 정원이라 하여 '소석원(小石園)'이라고도 부른다. 비움과 침묵을 주제로 구축된 이 공간은 망자를 위한 공간임과 동시에 산자들에게 삶의 의미를 묻는 공간이기도 하다. 승효상은 이곳을 '스스로 추방된 자들을 위한 풍경'이라 정의 내렸다.

김해기적의도서관
Gimhae Miracle Library

정기용, 김지철 | 2011

김해시 율하1로 55(율하동)

다큐멘터리 영화 〈말하는 건축가〉의 주인공 정기용의 유작인 김해기적의도서관은 2011년에 문을 열었다. 건물은 크게 세 동으로 나뉘어 있고, 크기가 각기 다른 경사진 지붕이 축을 조금씩 달리하며 배치되어 있다. 왼쪽에는 열람실이 있으며, 가운데는 출입구 및 전시실, 영유아실, 사무실이 있고, 오른쪽에는 다목적실이 있다. 각기 역할이 다른 독립된 매스의 나열은 주변 아파트 단지의 수직성에 대비해 새로운 대지 풍경을 만든다. 경사진 지붕을 잔디로 처리해 도서관이 근린공원의 일부처럼 보인다. 또한 열람실 건물의 경사지붕이 지면까지 이어져 아이들이 지붕 위로 올라가 풍경을 바라보면서 책을 읽을 수 있도록 배려했다. 열람실 내부도 아이들이 편안한 마음으로 책을 읽을 수 있도록 디자인되었다. 서가 한가운데 촘촘한 무지개다리처럼 보이는 동굴 공간도 있으며, 창가에는 한 사람만 들어갈 수 있는 둥근 공간도 있고, 둥글게 모여 앉을 수 있는 소담한 공간도 있다. 라임, 주황, 노랑을 기본 색상으로 한 아기자기한 공간에서 아이들은 앉거나 누워 책에 몰입한다. 열람실과 로비 사이의 원통형 공간은 온통 짙푸른 색상이 적용되어 있고, 나선형 계단으로 2층을 오르거나 그 아래 오목한 공간에서 책을 보기도 한다. 천장에는 책 모양 모빌이 매달려 있고 그 위로 난 천창에서 빛이 떨어진다. 이곳을 '4차원의 방'이라고 부른다.

창원

주교좌양덕동성당
Yangduk Cathedral Church

김수근, 승효상 | 1978

창원시 마산회원구 양덕옛2길 128(양덕동)

한국 현대 건축의 거장 김수근이 승효상과 함께 설계한 주교좌양덕동성당은 기존 천주교회 건물의 일반적인 형태와는 전혀 다르다. 기단에서 꼭대기까지 붉은 벽돌을 켜켜이 쌓아 만든 건물은 방사형으로 분절된 작은 덩어리가 조합되어 육중한 전체를 이루고 있다. 중앙으로 모여드는 폐쇄형 건물 덩어리의 수직 구성은 로마네스크식 종교 건물의 외형과 흡사하다. 한편 저층부의 경사진 거친 벽돌벽은 전통 사찰의 축담을 조형화한 듯 동양적 종교성도 동시에 느끼게 하는 장치다. 건물을 돌아 오르는 진출입 램프 또한 전통적인 '마을의 길'과 종교적인 '순례의 길'을 중의적으로 표현하고 있다. 비정형으로 잘게 분절된 내부 공간에서는 지하 카타콤(catacomb)이 전하는 극도의 종교적 긴장감과 모태 공간에서 느낄 수 있는 근원적 푸근함이 느껴진다. 제단 윗부분과 3층 양옆 발코니 일부를 제외하고는 자연 채광이 전혀 비쳐들지 않도록 하여 공간의 내밀함을 더욱 극대화했으며, 노출 공법의 거친 시멘트 천장은 공간의 원시성을 더욱 강화했다. 폭 40센티미터, 길이 5-7미터의 스테인드글라스를 통해 스며드는 빨강, 노랑, 파랑의 빛은 신비감을 증폭시킨다. 꽃잎처럼 굴곡진 내부의 환상적인 형태는 사제와 신도의 거리감을 없애며, 성전의 둘레를 둘러싸고 있는 각종 부속실은 신자들의 친교를 위해 가깝게 배치되어 있다.

진해기적의도서관
Jinhae Miracle Library

정기용 | 2004

창원시 진해구 석동로 70(석동)

가장 원형에 가까운 도서관을 보는 듯한 감동을 선사하는 곳이 진해기적의도서관이다. 남측의 넓은 창으로 빛이 은은히 스며드는 층고 높은 공간에서 아이들은 가장 편안한 자세로 책의 세상에 몰입할 수 있다. 크고 작은 공간 곳곳에 친구나 가족끼리 삼삼오오 모여 함께 책도 보고 이야기도 나누는 모

습이 풍경에 녹아든다. 건축가 정기용의 인간 중심적 디자인이 자연스럽게 사람의 심리와 행동에 영향을 미친다. 지붕이 한쪽으로 경사진 열람실은 세 벽면 전체를 창으로 둘렀고, 높은 층고를 활용해 일부 공간을 복층으로 만들었다. 열람실 내부로 관입해 들어온 다목적실은 벽돌 재질이 적용되어 따뜻한 정서가 부각되었다. 휘어진 진입 공간을 따라 들어가면 마치 오솔길과 같은 통로가 이어지고, 사이사이에 '도란도란방' '얼라들' '이야기방' 등 아이들의 키높이에 맞춘 자그마한 공간이 덧붙여져 있다. 조금 더 들어가면 '지혜의 등대'라고 부르는 원뿔형 공간을 지나게 되는데, 고깔 유리 위로 하늘이 투과되어 보이고 양쪽의 작은 중정에 쭉쭉 뻗어 있는 대나무도 엿볼 수가 있다. 꽤나 넓은 야외 마당은 아이들이 뛰어놀거나 마을 행사에도 활용할 수 있는 공간이다. 마당 귀퉁이에는 자작하게 물이 고인 연못도 있다. 도서관 안팎이 아이들의 감성과 상상력을 자극하는 요소로 풍만하다.

더시티세븐
The City 7

저디파트너십 | 2008
창원시 의창구 원이대로 332(대원동)

더시티세븐은 후쿠오카의 캐널시티하카타(Canal City Hakata), 도쿄의 롯폰기힐스(Roppongi Hills) 등 세계적인 상업 시설을 설계한 저디파트너십의 작품이다. 연면적 9만 7,000여 제곱미터, 지하 3층, 지상 5층 규모의 개방형 스트리트몰에는 3개의 원뿔형 공간이 있다. 하늘을 주제로 삼아 원뿔을 뒤집어놓은 형상의 '스카이 콘(sky cone)'은 전 층이 시원하게 뚫려 있다. 가운데 위치해 중심을 잡아주는 '어스 콘(earth cone)'은 외벽을 나무 패널로 마감해 자연친화적인 분위기를 주도한다. 물이 흐르고 솟아오르는 듯한 역동적인 모습을 형상화한 '워터 콘(water cone)'은 쇼핑몰 주변 곳곳에 물이 흐르는 공간, 분수 등을 마련해 시원하고 편안한 분위기를 조성하고 있다. 각기 다른 형태의 세 공간은 서로 유기적으로 연결되어 방문객이 공원을 산책하듯 천천히 쇼핑을 즐기고 쉴 수 있는 슬로 라이프를 만끽하게 한다. 대형 쇼핑몰에서 쇼핑, 휴식, 공연, 레저, 식사, 산책 등으로 시간을 보내는 '몰링(malling)'은 이제 새로운 소비 트렌드라 할 수 있다. 직선 코스 없이 에둘러 가야 하는 미로 구조와 긴 동선에도 곳곳에서 접하는 자연을 통해 다양한 체험을 할 수 있다. 이곳의 또 한 가지 재미는 맨 위층 하늘공원에 있는 익살맞은 표정의 캐릭터 조형물이나 1층에 있는 작가 최정화의 작품 '대형 꽃다발'을 발견할 수 있다는 점이다.

진해청소년전당
Jinhae Youth Center

신삼호 | 2013

창원시 진해구 중원로 33(중평동)

2, 3층 규모의 고만고만한 근대식 건물이 모여 있는 진해의 한적한 동네에 청소년의

다양한 문화 활동을 지원하는 건물이 세워졌다. 건축가 신삼호가 설계한 진해청소년전당에는 공연장, 체육관, 체력단련실, 탁구연습실, 북카페, 동아리실, 상담실, 세미나실, 영화감상실, 노래활동실, 요리실습실 등 청소년의 실질적인 문화 욕구를 충족시킬 공간과 프로그램이 가득하다. 내부 공간이 기능 중심적으로 구성되었다면, 들쑥날쑥한 매스의 조합과 파동 치며 건물을 한바퀴 휘감은 은색 세라믹 패널의 외관은 역동적이다. 1층의 넓은 마당과 2층으로 오르는 야외 계단, 4층과 5층의 하늘정원 등에서 삼삼오오 모여 놀이하는 아이들의 모습이 건강한 풍경을 만든다.

창원시립문신미술관
Moonsin Art Museum

문신, 일신설계종합건축사무소 | 1994(1관, 2관)

예원건축사사무소 | 2010(원형미술관)

창원시 마산합포구 문신길 147(추산동)

추상 조각의 거장 문신의 개인 미술관은 마산만이 훤히 내려다보이는 추산동 언덕에 위치하고 있다. 작품을 팔아 생긴 돈으로 15년간 지었던 미술관은 1994년에 비로소 개관할 수 있었다. 2004년에 시립미술관으로

재개관된 뒤 2010년에는 그의 작품 스케치와 석고 원형만을 모아 전시하는 원형미술관이 개관하기에 이른다. 미술관 앞마당 곳곳에는 문신의 대표적인 스테인리스스틸 작품이 세워져 있고, 미술관 1, 2층에서도 작품을 접할 수 있다. 출입 대문의 철재 장식이나 외부 바닥 타일까지 문신이 직접 도안을 작성했고, 신축 건물의 설계에도 깊숙이 관여했다. 원형미술관은 전시 외에도 소장품 연구와 보존 및 관리, 작가 연구와 전시기획, 사회교육 프로그램 개발 및 운영 등의 기능과 역할을 수행한다. 반투명한 창으로 은은한 빛이 스며드는 정갈한 전시 공간에 놓인 흰색의 석고 원형은 그 자체가 하나의 훌륭한 작품이다.

진해우체국

Jinhae Post Office

건축가 미상 | 1912

창원시 진해구 백구로 40(통신동)

1912년에 준공된 진해우체국은 100년의 세월을 넘어 옛 모습 그대로 서 있다. 러일전쟁 무렵 일본 연합함대의 전략기지 역할을 하게 된 진해만에 많은 일본인이 정착했고, 그에 따라 체신 업무가 급증하자 우체국의 필요성이 제기되었다. 로터리를 마주하고 있는 모서리 땅의 대지 경계선에 맞춰 전면 건물을 두고, 양팔을 벌리듯 'ㄷ'자형으로 후면 건물을 배치했다. 맨사드(mansard) 형식의 지붕, 회반죽을 바른 수평 줄눈과 몰딩, 반복적인 창의 배치 등에서 명확한 좌우대칭으로 이루어진 르네상스풍 건축의 고전적 특징을 발견할 수 있다. 특히 돌출된 출입구의 삼각형 페디먼트(pediment)와 대칭을 맞추기 위해 건물 양끝 모서리에 살짝 돌출시킨 벽의 반원형 패디먼트는 고전적 규율을 준용하려는 노력으로 보인다. 또한 현관 캐노피를 받치기 위해 부조 형태로 연출한 토스카나식 오더(Tuscan order)와 기둥 베이스에 연결된 곡선형 계단 난간 장식에서도 고전의 모방이 두드러진다. 다이아몬드형 동판을 이어 만든 지붕에는 반원형 환기창이 정면에 4개, 측면에 2개씩 설치되어 있다. 격자 창살을 가진 오르내리창 상단부에도 반원형 아치가 적용되어 있다. 창의 테두리나 키스톤(keystone) 역시 고전적이다.

마치며

문화적 감동이 흘러넘치는 도시
부산을 꿈꾸며

부산은 참으로 다양한 모습을 지니고 있다. 말 그대로 다이내믹 부산이다. 최첨단 빌딩과 피난 시절 하코방이 공존하며, 트로트와 힙합이 함께 울려 퍼지는 도시다. 시간이 흐른 결과 장소의 결이 다종다양하게 쌓이고 쌓여 깊은 정서의 결을 내포하고 있는 것이 부산의 제 모습이다. 특히 요즘은 부산 곳곳이 영화 촬영지로 각광받고 있다. 그 이유를 단적으로 말하자면, 다양한 결을 내포하는 부산의 혼종성 때문이다. 숱한 결로 이루어져 있는 도시의 이미지가 당장 보기에는 무질서하고 투박해 보일런지 몰라도, 사실은 생동하는 잠재성으로 복합적 뉘앙스를 전달하기에 매우 양호한 조건을 갖추고 있다. 부산은 영화제나 영화 시설 외에도 분명 이런 영화적 장소의 매력을 한껏 내뿜고 있는 도시임에 틀림없다. 보전과 재생, 그리고 개발 행위가 역동적으로 진행되고 있는 도시의 생태계가 향후에도 잘 관리되고 조성되어 더 많은 감동을 선사하는 장소로 가득해지기를 희망한다.

문제는 결을 읽어내는 예민한 눈을 장착해야 하는데 그게 생각만치 녹록한 일이 아니라는 사실이다. 그냥 눈에 띄는 대로 아무런 결이나 끄집어냈다 해서 공감을 불러일으킬 수는 없다. 훌륭한 시나 그림, 연극, 소설, 영화를 보면서 극적인 순간 감동의 눈물이 와락 쏟아지게 되는 것처럼, 속 깊이 잠재되어 있던 정서의 결을 자극할 수 있어야 한다. 일종의 '카타르시스'라 부르는 그 절정은 뜬금없이 도래하는 것이 아니라, 지속적 감정이입을 통해 감성의 진폭이 낭창낭창 흘러넘치기 직전까지 몰아가는 순간들이 전제되어야 한다. 건축물 혹은 도시를 보면서 뭘 감동해야 하느냐고? 이제 갈매기나 파도를 닮은 일차원적 외양에 유치하게 감동할 것이 아니라, 촘촘한 결의 망을 갖추고 있는 공간 속에 깊이 들어가서 온몸의 세포가 찌릿찌릿 반응하는 격정의 순간을 더 많이 경험해야 하지 않겠는가. 우리가 사는 세상이 더욱 아름다운 결로 가득해지기 위해서는 다 같이 각고의 노력을 기울여야 한다. 작가들은 작가정신을 더욱 공고히 다져야 할 것이고, 작품의 관람자들은 들추어진 결을 보고 공감하고 감동할 줄 아는 높은 격식을 갖추어야 할 것이다.

부산 건축 도보 여행
추천 코스 7

동구 이바구길 코스

부산역 맞은편 동구 산복도로의 근대 기억을 들여다볼 수 있는 코스

1 KTX부산역 **2** 차이나타운 **3** 옛 백제병원 **4** 168계단 **5** 김민부전망대
6 이바구충전소 **7** 이바구공작소 **8** 장기려기념더나눔센터 **9** 유치환의 우체통
10 까꼬막 **11** 정란각 **12** 일맥문화재단 **13** 아모레퍼시픽 부산지역사업부

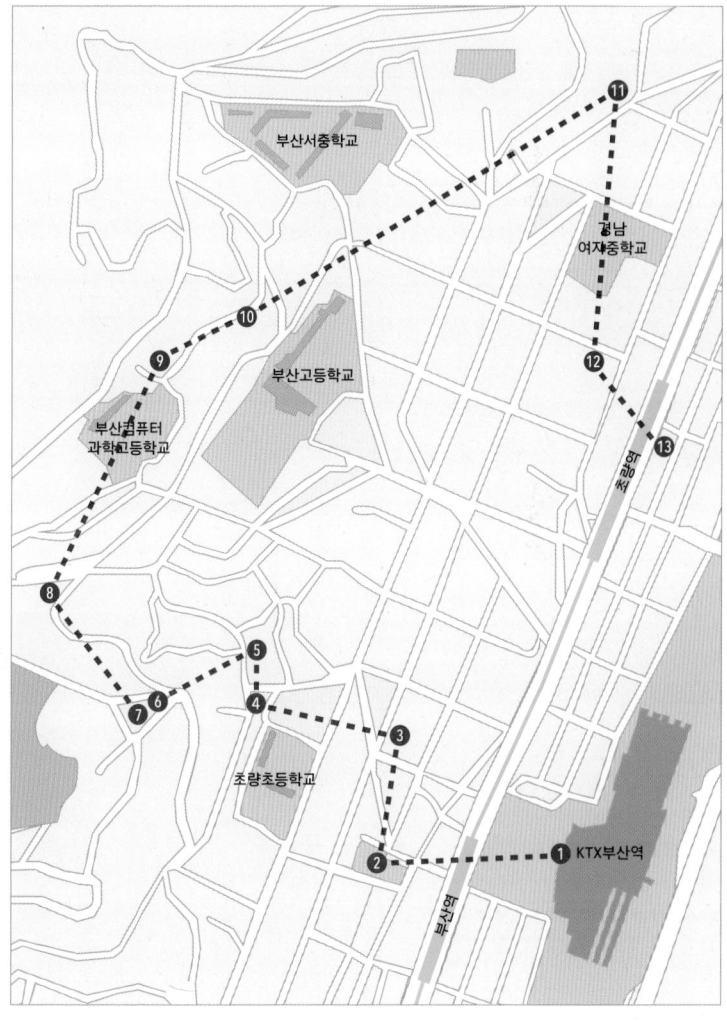

북구 화명동 코스

시원스러운 낙동강변을 따라 새로운 형태의 주거, 전시, 종교 공간을 엿볼 수 있는 코스

1 부산제일교회 **2** 인터화이트 **3** 부산기후변화체험교육관
4 어촌민속관 **5** 레지던스 엘가

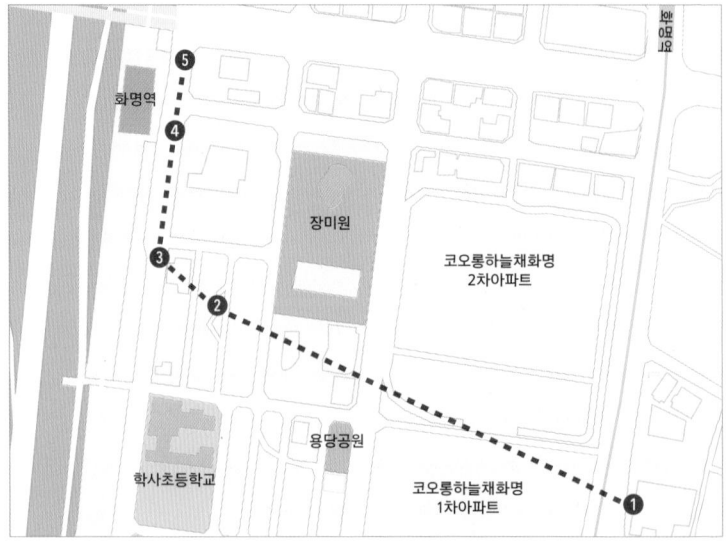

해운대 코스

마린시티에서 달맞이언덕, 청사포까지
이어지는 해변로를 따라 초고층 건물과
바다에 접한 문화 및 상업 건물의 다양한
형태를 경험할 수 있는 코스

1 아이파크&파크하얏트호텔
2 영화의거리 **3** 해운대두산위브더제니스
4 더베이101 **5** 누리마루 APEC하우스
6 해운대 해수욕장 **7** 파라다이스호텔
8 팔레드시즈 **9** 해운대엘시티
10 폐선 산책로 **11** 쎄덱 부산점
12 드림플란트드림스마일치과의원
13 오션어스 사옥 **14** 메르시엘 **15** 더월
16 조현화랑 **17** 에스플러스빌딩
18 폐선 산책로 **19** 사랑채 **20** 청사포

감천문화마을 코스

부산 근대사의 애환과 피란의 생활이 고스란히 남아 있는 코스

❶ 동아대학교 박물관 **❷** 임시수도기념관 **❸** 아미동 비석마을 **❹** 감천문화마을

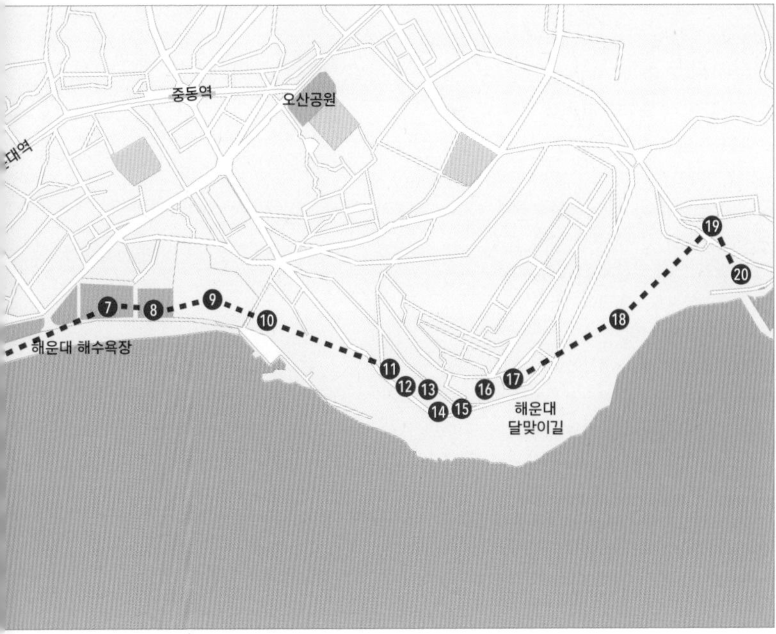

남구 문화벨트 코스

부산의 핵심 문화 시설이 밀집된 지역이며, 더불어 세계 유일의
유엔기념공원을 여행할 수 있는 코스

1 문화골목 **2** 부산예술회관 **3** 부산박물관 **4** 유엔기념공원 **5** 부산문화회관
6 유엔평화기념관 **7** 일제강제동원역사관 **8** 일오집 **9** 사과나무학교

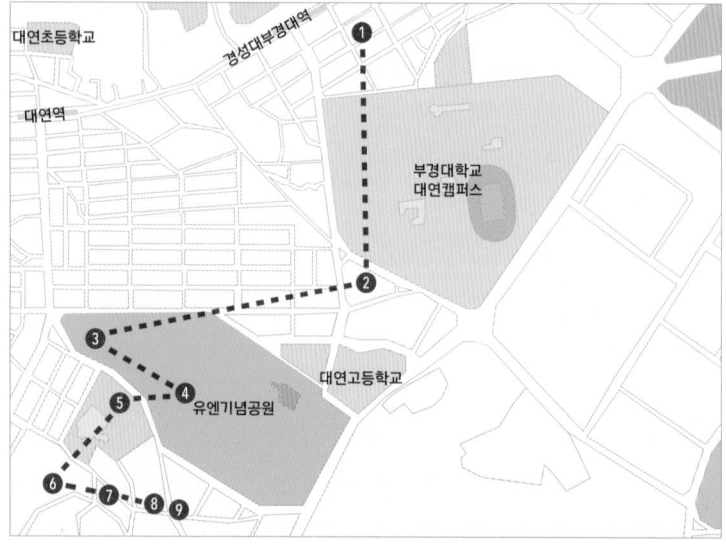

센텀시티 코스

수영강을 따라 다양한 문화와 첨단 시설을
경험할 수 있는 코스

1 키스와이어센터 **2** 고려제강 사옥
3 F1963 **4** 크리에이티브센터
5 엘올리브 **6** 부산극동방송
7 디오임플란트 **8** 에이지웍스
9 부산문화콘텐츠콤플렉스
10 영화의전당 **11** 신세계백화점 센텀시티점
12 WBC더팰리스 **13** 벡스코
14 부산시립미술관 **15** 이우환공간

중구 구도심 코스

구도심의 역사와 문화, 그리고 재래시장을 경험할 수 있는 코스

❶ 교보생명 부산중앙FP점 ❷ 이노북카페 ❸ 비욘드가라지 ❹ 옛 한성은행
❺ 부산근대역사관 ❻ 대청동 협소주택 5×17 ❼ 대한성공회 부산주교좌성당
❽ 부산기상관측소 ❾ 보수동 책방골목 ❿ 부평깡통야시장 ⓫ 국제시장

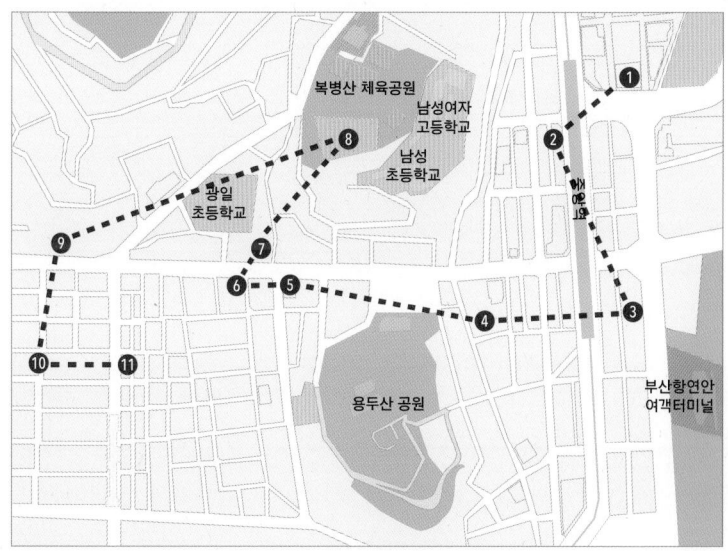

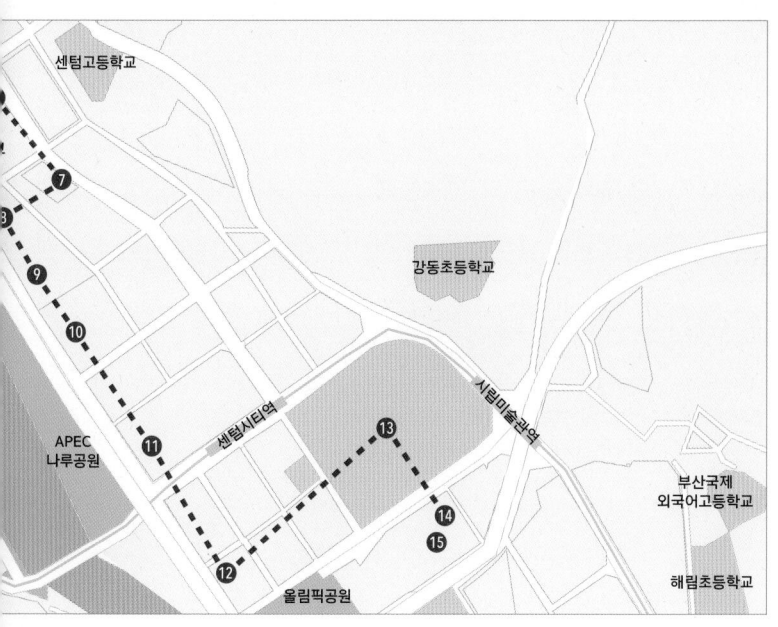

부산 건축 테마별
추천 여행지 7

찾아보기

건축가별 찾아보기

용도별 찾아보기

도판 출처

기용건축건축사사무소
229(1)

김기수
44(2)

김성수
40(1, 2)

송기학
44(1)

송해영
104(1)

울산박물관 홍보팀
212(1, 2, 3)

윤준환
29, 32(1), 35(2), 38-39(1), 39(2), 45(1),
52(1), 55(1), 56(1, 2), 59, 64(2), 65(2), 70(1),
77(2), 79(2), 93(2), 94(1), 95(1, 2), 97(1, 2),
98-99(1), 99(2), 102, 107(1), 108, 109(1),
114(1), 115(1), 128, 135(1, 2), 137(2),
139(1), 143(1), 155(1), 157, 160, 161(1),
162(2), 165(1), 167(2), 169, 170(1, 2),
176(1), 185(1), 196(1), 197(1), 198, 201(2),
209(1, 2), 214(1), 224(2), 225(1), 236-237

이승헌(지은이)
30(1, 2), 31, 32(2), 33(1, 2), 34, 35(1),
41(1, 2), 45(2), 46, 47(1), 51(1, 2), 52(2),
53(1, 2), 54, 55(2), 57, 58(1, 2, 3), 60-61(1),
61(2, 3), 64(1), 65(1), 66(1, 2), 67(1, 2, 3),
70(2), 71(1, 2), 72, 73(1, 2, 3), 77(1),
78(1, 2, 3), 79(1), 83(1, 2, 3), 84(1, 2),
85(1, 2), 87, 88(2), 89(2, 3), 93(1), 94(2, 3),
96(1, 2), 103, 104(2), 105(2), 106, 107(2),
109(2), 113(1, 2), 114(2), 115(2, 3),
119(1, 2), 120(1, 2), 121(1, 2), 123(1, 2),

124(1, 2), 125, 126-127(1), 127(2),
129(1, 2, 3), 133(1, 2, 3), 134(1, 2),
136-137(1), 136(2), 138, 139(2), 140, 142,
143(2), 144(1, 2), 145(1, 2), 149(1, 2),
150(1, 2, 3), 151, 154(1, 2), 155(2, 3),
156(1, 2), 161(2), 162(1, 3), 163(1, 2),
164(1, 2), 165(2), 166-167(1), 168,
171(1, 2), 175(1, 2), 176(2), 177(1, 2),
178(1, 2, 3), 179(2), 181, 182(1, 2), 183(1, 2),
184(1, 2), 185(2), 188(1, 2), 189(1, 2), 190,
191(1, 2, 3), 192(1, 2), 193, 196(2), 197(2),
199(1, 2), 200, 201(1), 202(1, 2, 3),
203(1, 2), 206, 207(1, 2, 3), 208(1, 2),
213(1, 2, 3), 214(2, 3), 215, 216, 217(1, 2),
218, 219(1, 2), 222(1, 2), 222-223, 224(1),
225(2), 226(1, 2), 227(1, 2), 228, 229(2, 3),
232, 233(1, 2), 234(1, 2), 235(1, 2)

이양걸
105(1)

이인미
47(2), 92(1, 2)

조명환
141(1, 2), 153(1, 2, 3)

조지영(안그라픽스)
10-11, 12, 19, 88-89(1), 238

파라다이스호텔 마케팅팀
179(1)